I0135590

8 L²⁷ₙ
32532

45

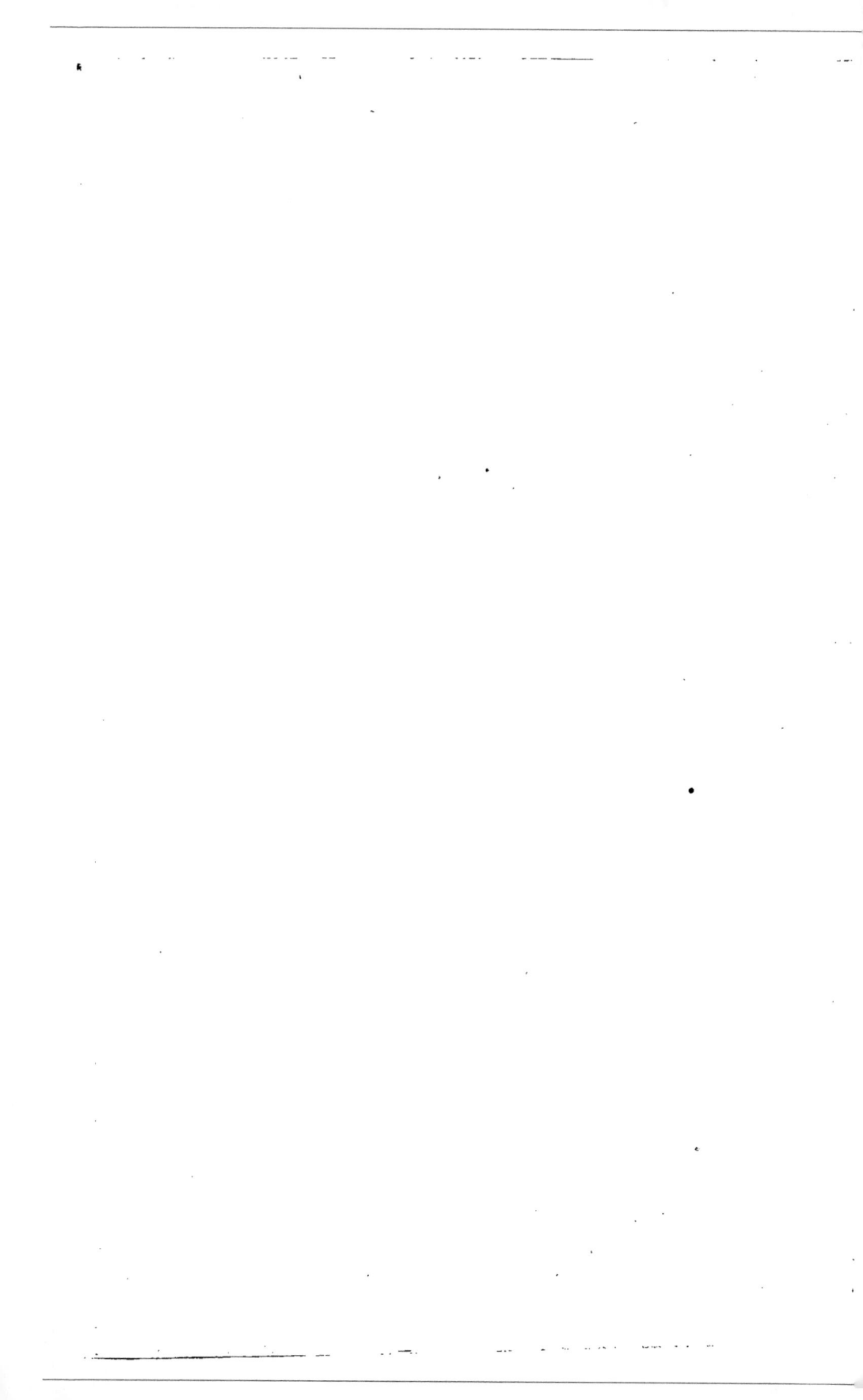

ÉTUDE

SUR

LA VIE ET LES ŒUVRES

DE

A. COCHIN

PAR

LÉON ROUX

AVOCAT A LA COUR D'APPEL DE LYON,
MEMBRE DE L'ACADÉMIE DES SCIENCES, BELLES-LETTRES ET ARTS
DE LA MÊME VILLE

PARIS

JULES GERVAIS

LIBRAIRE-ÉDITEUR

29, rue de Tournon, 29

1881

ÉTUDE

SUR LA VIE ET LES ŒUVRES

DE

A. COCHIN

27

Ln

32532

IMPRIMERIE GÉNÉRALE DE LYON

RUE CONDÉ, 30.

ÉTUDE

SUR

LA VIE ET LES ŒUVRES

DE

A. COCHIN

PAR

LÉON ROUX

Avocat a la Cour d'appel de Lyon,
Membre de l'académie des sciences, belles-lettres et arts
de la même ville

DÉPOT LÉGAL
Rhône
N° 183
1881

PARIS

JULES GERVAIS

LIBRAIRE-ÉDITEUR

29, rue de Tournon, 2)

—

1881

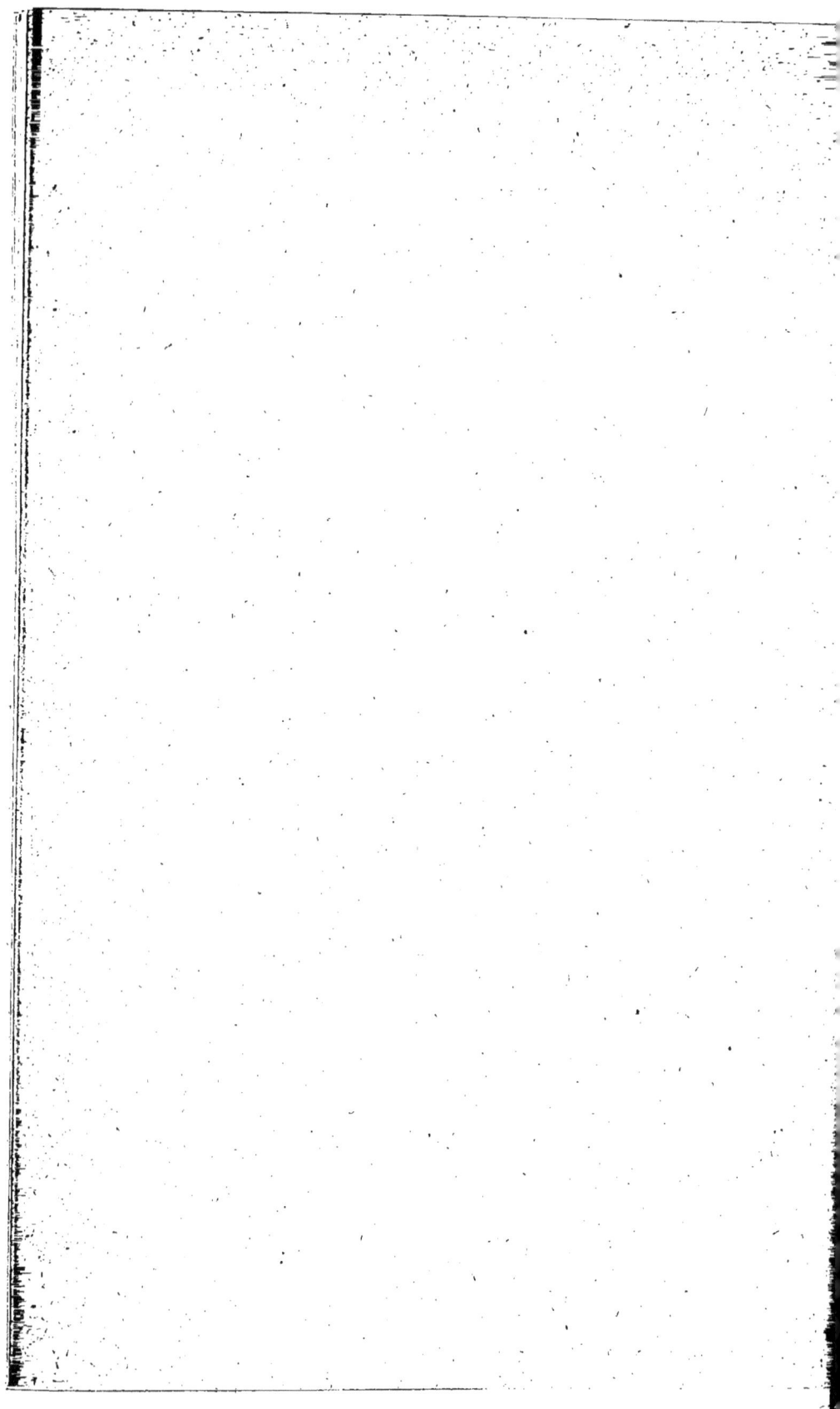

A MONSIEUR HENRY COCHIN

LE 5 novembre 1880, les Pères Dominicains étaient violemment expulsés, par le gouvernement, de leur couvent situé à Paris rue Jean-de-Beauvais. Vous étiez au nombre de ceux qui composaient une garde d'honneur autour d'eux. Sommé, par le commissaire de police, d'abandonner un poste que vous considériez avec raison comme le poste du devoir, vous répondîtes par un refus ; et, au moment où l'on commandait aux agents de s'emparer de votre personne, vous ne pûtes vous empêcher de dire à celui qui leur donnait cet ordre : « Vos enfants rougiront de vous. »

Traduit devant le tribunal correctionnel de la Seine pour le seul fait d'avoir prononcé ces paroles, vous avez été, à notre grand étonnement, condamné, non pas à une simple amende, mais à la peine excessive d'un mois de prison, que la Cour d'appel vient de réduire à quinze jours ! Il est vrai que, devant les premiers juges, loin de plaider les circonstances atténuantes, vous avez, sans forfanterie comme sans faiblesse, maintenu les expressions dont vous vous étiez servi, en ajoutant : « Je sais mieux que personne ce que c'est que de porter un nom respecté. »

Vous avez été trop modeste, Monsieur ; car ce n'est pas seulement un nom respecté, mais un nom illustre que vous portez. Laissez-moi vous dire, en empruntant les paroles qu'un magistrat de la Cour de Paris adressait à votre père : « Vous le portez dignement. »

J'ai pensé qu'il y aurait quelque à-propos, au lendemain du jour où l'on a cru devoir condamner le fils, à rappeler ce que fut le père. Sans doute cette étude vient un peu tard, et elle ne pourra rien pour une renommée consacrée désormais par les plus hautes autorités. Mais peut-être, dans le temps troublé où nous vivons, ne sera-t-elle pas sans profit pour quelques âmes.

En tous cas, Monsieur, permettez-moi de vous l'offrir comme mon humble hommage à une mémoire qui vous est chère, et en témoignage, pour vous et tous les vôtres, de ma respectueuse sympathie.

Léon ROUX.

Lyon, 22 janvier 1881.

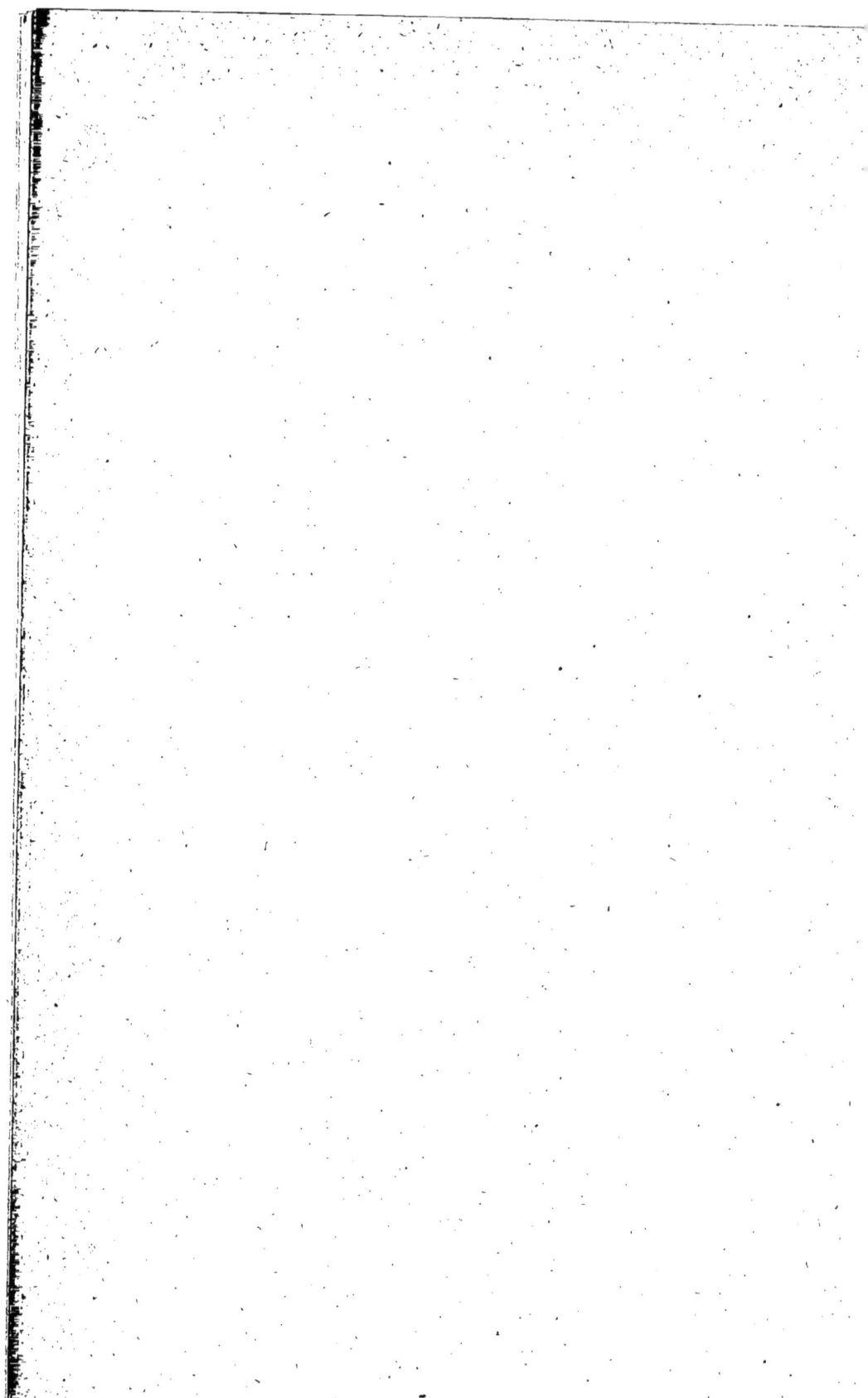

ÉTUDE

LA VIE ET LES OEUVRES

DE

A. COCHIN

———

INTRODUCTION

RISTOPHANE nous a laissé dans ses comédies un tableau saisissant des mœurs politiques de la république d'Athènes. Il nous conduit au milieu des assemblées bruyantes et orageuses de l'Agora, et il fait paraître devant nous les sophistes, les ambitieux qui, par de belles paroles, de magnifiques serments, cherchaient à gagner la faveur du peuple.

Vingt-cinq siècles se sont écoulés depuis que le grand poète traçait, en caractères indélébiles, le portrait des intrigants qui exploitaient alors la crédulité publique, et il semble qu'il ait fait la satire de notre temps, et châtié sans pitié nos plus fameux démagogues. Que sa muse vengeresse l'ait parfois emporté trop loin, qu'il eût été mieux inspiré en laissant dans l'ombre certains détails d'une couleur trop réaliste, j'en conviens. Au fond, il a peint la nature humaine telle qu'elle est. Sous les traits de ses héros nous reconnaissons les nôtres. Le lieu de la scène a changé, les personnages ne sont plus les mêmes, mais c'est toujours la même comédie qui se joue sous nos yeux.

Et cependant, s'il est vrai que, de tout temps, les flatteurs de la multitude aient fait rapidement leur chemin, aucune époque ne présente plus que la nôtre ce triste spectacle. Jamais le peuple souverain n'a compté plus de courtisans ; jamais, reconnaissons-le, il ne les a mieux encouragés par ses votes. Ce n'est pas qu'il exige beaucoup de ceux qui briguent sa faveur. Il se contente le plus souvent de ces professions de foi banales, qui ne sont qu'un vain étalage de pompeuses promesses, une stérile et fastidieuse déclamation. Aussi est-ce aujourd'hui le règne de la rhétorique, j'entends de la phraséologie sonore et vide, qui n'a de commun que le nom avec l'art élevé, gardien sévère des règles du goût, dont l'objet est de former l'écrivain et l'orateur.

Cette fausse rhétorique séduit, fascine, entraîne les masses. Elle coule à pleins bords comme la démocratie. Au fait, il en doit être ainsi, puisqu'elle mène à tout. Par elle s'explique, en ce temps de vote incessant, plus d'une surprise électorale. Nous nous récrions souvent, en entendant proclamer les noms de ceux auxquels le scrutin donne la victoire. Partagés entre l'indignation et la pitié, nous ne savons ce qu'il faut le plus déplorer, de l'ignorance de l'électeur ou de l'audace de l'élu. Il est tel de ces vainqueurs du jour, qui ne devrait pas trouver de retraite assez profonde pour cacher sa nullité, tel autre qui chercherait vainement d'assez épaisses ténèbres pour voiler ses turpitudes ; et voilà

que le suffrage universel, les arrachant tout à
coup à leur obscurité ou à leur bassesse, les élève
au-dessus de la foule triomphants et glorieux !
Qui a opéré ce miracle ? La rhétorique. Oui,
voilà leur secret, ou plutôt leur recette ; et s'ils
ont un peu de franchise, ils vous en donneront
ainsi la formule :

« Parlez, parlez encore, parlez toujours. Dé-
clamez contre la tyrannie du capital, contre l'exploitation de l'homme par l'homme. Dites que
l'heure des revendications populaires a sonné.
Promettez monts et merveilles ; annoncez l'âge
d'or. Surtout tonnez contre les Jésuites, et ju-
rez d'arracher la France aux étreintes du cléricalisme. Joignez à la tirade sur l'instruction laïque,
gratuite et obligatoire la perspective, si douce
aux libres-penseurs, de l'émancipation de la femme. Loin de reculer devant l'éternel lieu commun de la liberté, de l'égalité, de la fraternité,
prenez votre plus grosse voix en prononçant ces
mots magiques. N'hésitez pas à déclarer, quoi
qu'il en coûte à votre modestie, que sans vous
tout est perdu, mais qu'avec vous tout est sauvé.
Enfin reconnaissez que l'indépendance de l'élu

est un vieux système qui a fait son temps ; inclinez-vous devant la secte maçonnique ; vantez la noblesse et la dignité du mandat impératif, et dites bien haut que vous êtes prêt à le signer des deux mains. »

A ce prix, votre succès est infaillible ; car la foule n'est pas ingrate, et elle sait qu'une harangue est un inestimable bienfait pour elle. Soyez sûr que, le jour où elle viendra dans ses comices, votre dévouement oratoire recevra sa récompense. Applaudi, acclamé, vous serez député ou sénateur ; les grands emplois et les gros traitements seront à vous ; et, qui sait ? peut-être serez-vous ministre à votre tour.

Dira-t-on que ce tableau n'est qu'une peinture de fantaisie ? Non ; c'est de l'histoire contemporaine. J'affaiblis plutôt que je n'exagère les manœuvres de tous ces courtisans du peuple qui, devant l'urne électorale, se proclament ses amis. Ami du peuple ! voilà un beau titre assurément ; mais il n'est pas nouveau. L'histoire atteste que partout, sous tous les régimes, monarchie, aristocratie, république, principalement dans les républiques, il n'y a pas de prétention plus répan

due, plus vulgaire, que celle d'aimer le peuple, de
vouloir faire le bonheur de tous, en un mot, d'être
démocrate. Y avait-il à Athènes et à Rome plus
de démocrates que chez nous ? Aujourd'hui, la
palme est-elle à la Suisse, à la France ou aux
Etats-Unis ? Laissons ces comparaisons difficiles,
qui pourraient être blessantes pour notre République. Elle a ses démocrates ; ils lui suffisent ;
elle en est fière ; elle n'entend, ni pour le nombre,
ni pour la qualité, le céder à aucune autre ; et,
après tout, il n'est pas impossible qu'elle soit,
à cet égard, plus riche que ses aînées.

Je ne sache pas d'œuvre plus utile que de dis-
siper sur ce point les illusions des masses ; et ce
serait leur rendre un signalé service que de leur
apprendre à ne plus juger sur de mensongères
étiquettes, à discerner l'apparence de la réalité.
Mais quel criterium leur proposer ? A quel signe
doit-on reconnaître un véritable ami du peuple ?
Pour moi, je n'en connais qu'un : les actes. Les
paroles ne sont rien, ou sont peu de chose.
Eh quoi! dira-t-on, celui-ci serait-il donc sus-
pect ? Est-ce qu'il ne descend pas tous les jours
pour nous dans l'arène politique ? Quels flots

d'encre ne verse-t-il pas pour la cause populaire ?
Comment ne pas croire à son désintéressement,
puisqu'il n'en coûte qu'un sou pour apprendre
chaque matin de lui, dans son journal, quels
sont nos droits et nos devoirs ? Et de celui-là
comment pourrait-on douter, puisqu'il daigne
accepter tant de banquets, où il prodigue à la
foule ébahie les trésors de son intarissable éloquence ?

Eh bien ! dussé-je passer pour un ennemi des
lettres et de l'art oratoire, je le répète, à mes
yeux, tout cela c'est le néant. Ces prétendus amis
du peuple se ruinent en paroles. Nous leur de-
mandons des actes, des preuves de dévouement,
de sacrifice, et ils nous apportent un discours ou
un article de leur petit journal. C'est venir à nous
les mains vides ; et je m'étonne qu'après une si
longue expérience, les comédiens politiques trouvent encore tant de dupes parmi nous.

Aux démocrates en renom, qui parlent toujours
de la misère du peuple et n'ont que des phrases pour la soulager, ne nous lassons pas d'opposer ces hommes modestes, véritables bienfai-
teurs de la classe ouvrière, dont la vie se dépense,

non pas en discours de parade, mais en créations utiles, en bonnes œuvres de toutes sortes; et il faudrait désespérer de la justice et du bon sens, si un tel contraste n'apportait pas la lumière à plus d'un esprit prévenu ou égaré.

C'est pourquoi nous allons dire aux travailleurs de notre temps ce qu'a fait pour eux un de nos illustres contemporains, un grand chrétien, ne reculons pas devant le mot, un clérical. Cet homme de bien, qui s'est voué à l'amélioration morale et matérielle des ouvriers, qui, pour réaliser une si noble entreprise, ne s'est pas contenté de vaines paroles, mais a payé de sa bourse et de sa personne à chaque jour et presque à chaque heure de sa trop courte vie, c'est Augustin Cochin, mort en 1872, membre de l'Institut et préfet du département de Seine-et-Oise.

On m'objectera, peut-être, que tout a été dit sur ce sujet. Récemment encore, lorsqu'on a eu l'heureuse idée de réunir les œuvres éparses de Cochin, et d'élever ainsi un monument·durable à sa mémoire, M. le duc de Broglie ne l'a-t-il pas peint dans une éloquente préface, qu'on peut comparer au vase délicat placé par la main pieuse

d'un artiste sur la tombe de son ami? Avant lui,
MM. de Champagny et de Gaillard n'ont-ils pas,
dans des pages émues, acquitté la dette de leur
cœur envers celui auquel les rattachaient d'im-
périssables souvenirs? Enfin, M. de Falloux n'a-
t-il pas, dans un beau livre, reproduit tous les
traits de celui qui fut l'apôtre du devoir et de la
charité (1)?

(1) Il faut aussi mentionner l'intéressante notice de
M. Langlois et le panégyrique de M. l'abbé Delarc.

Je renvoie au livre de M. de Falloux, si vite et si
justement parvenu à sa troisième édition, ceux qui vou-
dront avoir des détails plus complets sur la vie et les
œuvres de Cochin. L'étude qu'on va lire est, si je puis
m'exprimer ainsi, le petit portrait après le grand. On
comprendra que j'aie emprunté au travail de M. de
Falloux une partie des faits et des documents que j'ai
cités. Au surplus, le savant auteur nous apprend combien il est lui-même redevable à M. Jullien, agrégé de
l'Université, qui avait vécu dans l'intimité de Cochin.
Sans son précieux concours, la plupart des actes de celui
qui avait été le bienfaiteur des pauvres seraient restés
ignorés. Je n'en suis pas étonné ; car Cochin était profondément chrétien, et à toutes les vertus dont il a
donné l'exemple, il faut joindre l'humilité, cette fleur
privilégiée du Christianisme, qui se plaît dans l'ombre,
semble fuir les regards, et nous échapperait, si elle
n'était trahie par le suave parfum qu'elle exhale.

Quand un portrait est signé de tels noms, il semble que toute peinture nouvelle soit une œuvre téméraire et inutile. Inutile, et pourquoi? N'obtiendrais-je d'autre résultat que de rappeler l'attention sur un grand serviteur de Dieu et de son pays, et de réchauffer en quelque sorte au contact de cette belle âme nos âmes trop engourdies, je n'aurais perdu ni mon temps, ni ma peine. Téméraire : oui sans doute, si je ne consultais que mes propres forces. Mais les écrivains éminents dont je viens de parler m'ont tracé la route, et loin de trouver dans leurs travaux un obstacle, j'y vois un secours et un appui. Il en est, si j'ose le dire, de la douce et sereine physionomie que je vais essayer de peindre, comme de celle de ces saints illustres qu'entoure une éclatante auréole. L'artiste qui veut les faire revivre sur le marbre ou sur la toile, sait bien qu'avant lui les Michel-Ange et les Raphaël ont mis sur ces nobles figures l'ineffaçable empreinte de leur génie. Loin de se décourager et de briser sa palette ou son ciseau, il s'anime à leur exemple. Tout en s'inspirant de leurs créations immortelles, il s'efforce de découvrir d'autres horizons, il cherche

à placer son sujet dans une nouvelle lumière.
Fidèle à la seule mission qui soit digne de l'art,
d'élever les cœurs, de les enflammer en quelque
sorte de l'amour du bien, il n'a de repos que lorsqu'il a jeté sur son œuvre un rayon de l'idéal divin dont son âme est remplie. Il travaille donc
sans relâche, et ne parvînt-il à susciter qu'un
seul imitateur à son modèle, il se tient pour ré-
compensé de tous ses efforts.

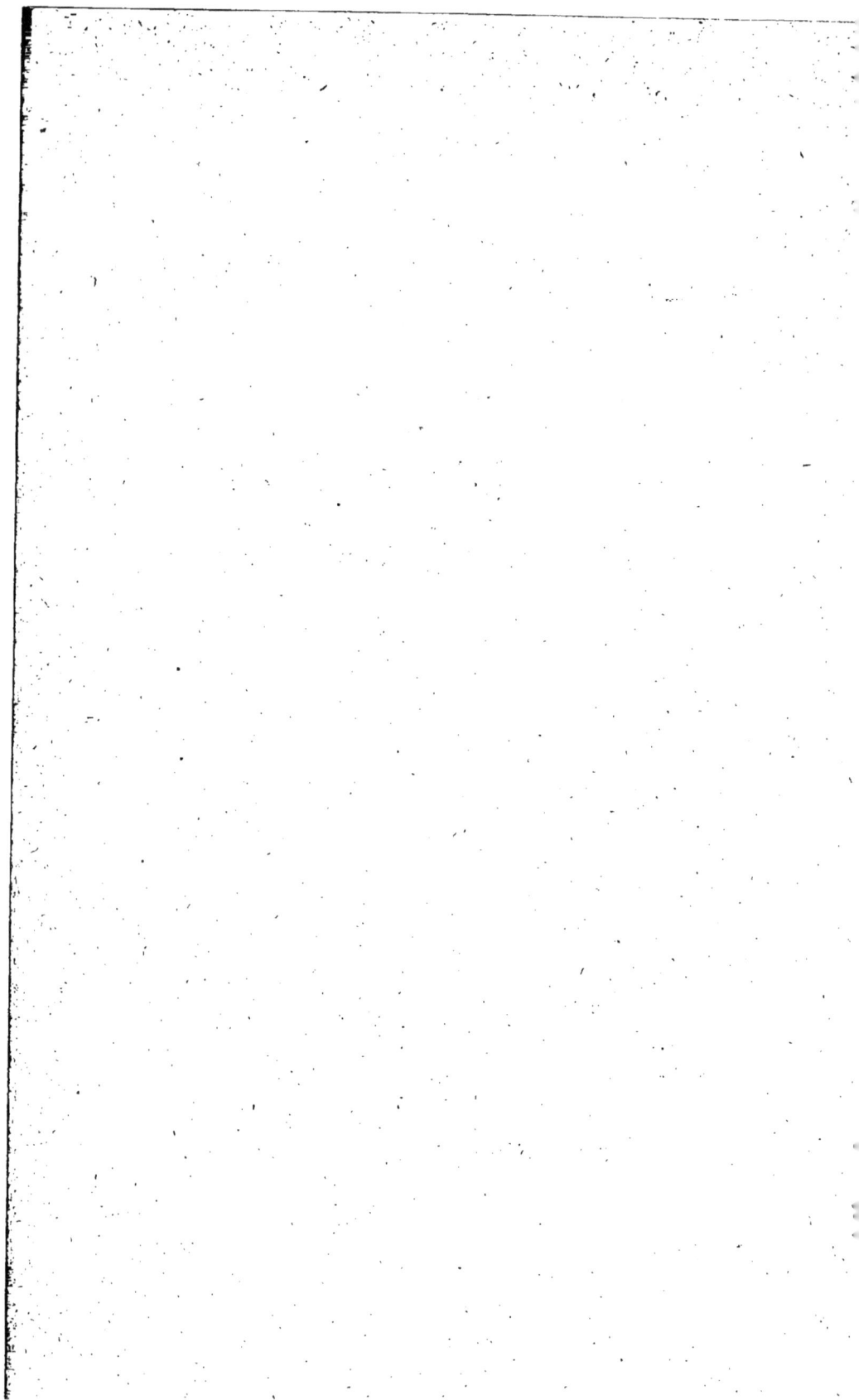

CHAPITRE PREMIER

Augustin Cochin naquit à Paris, le 11 décembre 1823. Il appartenait à une très-ancienne famille, dans laquelle il était de tradition de se dévouer à la gestion gratuite des intérêts publics. Un de ses aïeux était échevin de Paris en 1268, sous le règne de saint Louis; et depuis lors l'échevinage, qui correspondait à peu près à notre mairie actuelle, s'est perpétué dans la famille Cochin jusqu'à Augustin lui-même, qui fut d'abord adjoint, puis maire d'un des arrondissements les plus populeux de la capitale. Jamais

2

devise ne fut mieux justifiée que celle des Cochin:
Requiescite, vigilo; reposez-vous, je veille (1).

Au XVIIIe siècle, ils donnèrent au Barreau de
Paris un avocat, dont les plaidoyers sont restés
célèbres.

En 1780, l'abbé Cochin, grand-oncle d'Augustin, fonda à Paris, pour les malades et les
vieillards, un hospice qui porte encore aujour-
d'hui son nom.

On doit au père d'Augustin, d'abord maire,
puis député de Paris en 1835, le développement
des écoles primaires et la création des salles d'a-
sile, où il ne dédaigna pas de faire lui-même la
classe pendant un an.

Un volume ne suffirait pas à énumérer toutes
les fondations, toutes les œuvres des Cochin, qui
sont pour eux autant de titres de noblesse. Le
cadre de cette étude m'oblige à passer rapidement

(1) Cette sorte d'hérédité dans des fonctions qui sont
essentiellement gratuites, vient de recevoir une nouvelle consécration de l'opinion publique. Aux élections
du 9 janvier 1881, M. Denys Cochin, fils aîné d'Augustin, a été nommé membre du Conseil municipal de
Paris.

sur les ancêtres d'Augustin pour arriver à lui.

A quatre ans il eut le malheur de perdre sa mère. Sans doute son père lui restait; mais l'importance de ses fonctions publiques, la multiplicité de ses œuvres de charité ne permettaient pas au père de diriger lui-même l'éducation de son fils. Il le fit entrer au collége Rollin, dans la pensée qu'après y avoir vécu avec de nombreux camarades, il en sortirait, le caractère mieux trempé, l'esprit plus empreint de l'habitude de la règle et de la discipline. L'enfant y reçut heureusement, des mains de l'abbé Sénac, le bienfait d'une éducation chrétienne, qui a été la cause première et comme le germe de tout le bien qu'il a fait plus tard. A dix-sept ans il terminait les plus brillantes études. Mais il avait à peine quitté les bancs du collége qu'un nouveau malheur vint fondre sur lui : il perdit son père. Orphelin à cet âge, malgré l'appui d'un homme considérable, M. Benoît d'Azy son oncle, qu'allait-il devenir au milieu de la grande capitale? A quels dangers n'allait-il pas être exposé?

Ce fut la religion qui protégea le jeune Cochin; ce fut la pratique de la charité chrétienne qui le

sauva. J'appelle ici l'attention sur un fait psycho-
logique que les philosophes n'ont pas suffisam-
ment observé. La vue du pauvre, le spectacle de
sa misère et de ses souffrances, exercent sur notre âme, pour la détourner du mal, une action
presque irrésistible. On connaît les belles paroles
de Malebranche : « Puisque nous avons un poids
qui nous porte vers la terre, il nous faut un poids
contraire qui nous relève vers le ciel. » Eh bien !
l'expérience l'atteste, l'un de ces plus puissants
contre-poids, c'est la charité. Voyez ce jeune
homme descendant de la mansarde nue et dé-
solée du pauvre. Témoin des angoisses d'une
mère, qui n'a ni pain ni vêtements pour ses enfants, il lui a donné sa modeste épargne, et, ce
qui ne vaut pas moins, des paroles de consolation et d'espérance. Il revient avec l'inexprima-
ble joie d'avoir séché bien des larmes. A cette
heure bénie, le vice n'a point de prise sur son
âme, toute parfumée de charité. Dieu lui-même
la garde ; il dissipe tous les orages, et fait régner
en elle une paix profonde, la paix d'une conscience pure.

Cochin n'avait que vingt-deux ans, et déjà,

pendant que tant d'autres avaient perdu dans l'oisiveté et le désordre les heures si précieuses de la jeunesse, il avait fondé au faubourg Saint-Jacques une conférence de Saint-Vincent de Paul pour le soulagement des pauvres, un patronage pour les jeunes apprentis, une société de secours mutuels pour les ouvriers. « Ce que je n'abandon-« nerai jamais, dit-il quelque part, sachez-le bien, « c'est Saint-Vincent de Paul, Saint-Jacques, « les ouvriers. » Ce généreux engagement, il l'a tenu à la lettre. Pendant vingt ans, le premier dimanche du mois, il est venu présider sa société de secours mutuels ; et jusqu'à la fin de sa vie il n'a cessé d'employer la matinée du vendredi de chaque semaine à la réception des malheureux. Le choix de ce jour a une signification qui ne doit pas nous échapper. En ouvrant son foyer à toutes les misères le jour à jamais consacré par la mort du Sauveur, Cochin a montré à quelle source s'inspirait son ardent amour des pauvres, et par là il a mis dans tout son jour l'alliance féconde de la foi et de la charité.

J'extrais d'une de ses lettres quelques lignes qui donneront une idée de l'importance qu'il atta-chait à ses devoirs envers les pauvres :

« Que je quitterais volontiers tout le reste pour
« partager avec vous les nobles jouissances de
« l'esprit! Mais agir est encore plus grand. Je
« trotte donc dans mon petit chemin, et que de
« misères j'y rencontre! Je viens de recevoir des
« femmes, des aveugles, des enfants, qui n'ont
« pas un sou pour le terme et qui, au lieu de son-
« ger comme moi aux raffinements du goût, ont
« l'ambition d'un grabat et d'un morceau de
« pain! Voilà le terme d'octobre. Ils ne lisent pas
« la Revue, mais un sale papier avec une griffe
« d'huissier qui leur commande de déguerpir.
« Quel compte nous rendrons là-haut, quand on
« nous donnera à notre tour congé d'une vie si
« heureuse, si favorisée? Eux alors, les pauvres,
« auront les palais. Puissions-nous espérer d'y
« avoir une mansarde! »

Le jeune Cochin fit son droit, fut reçu docteur,
et entra au Barreau de Paris. Ses débuts furent
remarqués. Le président de la Cour d'assises lui
adressa un jour ces flatteuses paroles : « Vous
« portez un nom illustre au Barreau de Paris, et
« vous le portez dignement. Recevez les félici-
« tations de la Cour, qui a été heureuse de vous

« entendre ; car vous plaidez à vos débuts comme
« beaucoup d'avocats distingués ne le font pas
« au terme de leur carrière. »

Toutefois, une autre vocation entraînait cette
intelligence puissante, élevée, vivement préoc-
cupée de tout ce qui touche au sort des classes
laborieuses. Une science toute nouvelle, l'économie politique, l'avait de bonne heure attiré.
C'est sur elle que se concentra l'activité de son
esprit. Il renonça donc au Barreau. Ce n'est pas
qu'il ne l'ait parfois regretté, comme le prouve
sa correspondance. « Mon seul regret dans la
« vie, écrivait-il en 1868 à Montalembert, est
« de ne pas être demeuré avocat. Être avocat
« dans ce siècle où il y a tant de causes, tant de
« drames, tant de vaincus, quel beau rôle ! »

Les questions économiques ont une grande
importance à notre époque. Jamais le problème du prolétariat n'agita plus les esprits ;
jamais on ne vit naître plus de systèmes pour
le résoudre. Mais presque tous ont un point de
départ commun : la guerre au capital. Parmi
les hommes qui l'ont dirigée, il en est deux surtout dont l'influence a été néfaste. J'ai nommé

ce prêtre sombre et irrité, qui se sépara de l'E-
glise, et, fascinant les âmes par la magie de son
style tour à tour oratoire et poétique, jeta dans
ses écrits tant de paroles enflammées, et par-
vint à remplacer la résignation chrétienne par
la haine dans le cœur de ceux qui souffrent.
J'ai nommé aussi cet écrivain puissant, ce logi-
cien redoutable, qui, maniant habilement le so-
phisme, et prenant exactement le contre-pied de
la vérité, ne craignit pas de dire un jour à la
foule : *La propriété, c'est le vol.* De pareilles doctrines ont pour conséquence l'insurrection et le
pillage ; car il n'y a qu'un pas de la théorie à
la pratique : l'événement ne l'a que trop prouvé.

On nous permettra d'insister ici, à l'exemple
de Cochin lui-même. C'est une nécessité de premier ordre de rectifier les idées fausses qu'on a
répandues sur ce point dans les masses.

A cet ouvrier qui porte un regard d'envie sur
son patron, il faut montrer les risques, les dangers inséparables de toute entreprise. Qu'il sache
que, pendant qu'il reçoit régulièrement son salaire, son maître marche peut-être à sa ruine. Il
est trop enclin à ne voir que ceux qui s'enrichis-

sent. Sur le champ de bataille de l'industrie, où la concurrence est si vive, où la lutte est si acharnée, combien succombent auxquels on ne peut reprocher d'avoir manqué ni d'intelligence, ni d'activité !

A cet autre, qui s'élève contre les lois de la répartition de la richesse, et juge qu'il y a trop de riches autour de lui, il faut rappeler cette belle pensée, devenue un aphorisme de la science économique : il y a quelque chose de plus triste que d'être pauvre, c'est de ne compter que des pauvres autour de soi.

A ce troisième, qui se plaint de la modicité des salaires et déclare l'épargne impossible, il faut opposer l'exemple d'ouvriers ne gagnant pas plus que lui, et trouvant cependant, sans avoir moins de charges, le moyen d'épargner.

A tous enfin il faut dire que ce capital, si vivement attaqué de nos jours, n'est pas autre chose que le travail couronné. Il représente ce qui honore le plus l'humanité : l'effort accompli, la privation volontaire, l'épargne persévérante ; si bien qu'en réalité, pour celui qui veut y réfléchir, attaquer le capital c'est attaquer la vertu.

L'erreur qui a produit tous les mouvements socialistes de notre temps, et dont les derniers congrès ouvriers n'ont pas su s'affranchir, consiste à placer le travail au-dessus du capital. Or l'un n'est ni au-dessus, ni au-dessous de l'autre. Ils se valent; ils ont chacun leurs devoirs et leurs droits. On objecte que le capital ne peut rien sans le travail. Cela est vrai; mais, je le demande, que pourrait le travail sans le capital? Ils sont donc nécessaires l'un à l'autre; et, loin de se combattre, ils doivent s'unir et se prêter un mutuel appui.

Qui établira cette union si désirable ? Qui maintiendra la concorde entre le patron et l'ouvrier ? Qui donnera ainsi au problème du prolétariat, toujours posé et toujours menaçant, la solution cherchée depuis si longtemps ? Il faut le dire et ne pas cesser de le répéter : c'est le Christianisme. Lui seul a ce pouvoir, car il n'y a que lui qui nous ait fait une obligation de nous aimer les uns les autres.

Telle était aussi la pensée de Cochin. Après avoir profondément réfléchi sur cette grave question des rapports entre patrons et ouvriers, il était arrivé à la conviction inébranlable qu'on ne peut la résoudre que par le Christianisme.

Or c'est précisément à l'Eglise catholique, dépositaire de la vérité chrétienne, qu'on livre aujourd'hui bataille; et le programme de la démocratie, ou plutôt de la démagogie contemporaine, peut se résumer dans ce seul article : « *Le cléricalisme*, disons, maintenant que tous les voiles sont levés, *le catholicisme, voilà l'ennemi.* »

Cochin, il est vrai, n'a pas entendu ce cri de guerre. Il n'en a pas vu, comme nous, les lamentables conséquences. Maintenant l'athéisme s'attaque à l'enfant du peuple dès le berceau, puisqu'on chasse Dieu non-seulement de l'école, mais encore de la salle d'asile. Il plane sur l'homme pendant la vie pour le pousser au suicide et à des crimes qu'on ne connaissait pas; et, comme s'il portait à la mort elle-même un défi, il suit sa proie jusqu'au tombeau (1).

Mais déjà, du vivant de Cochin, le mal était si intense, il avait pris des proportions

(1) J'en ai cité plus d'un exemple dans mon traité du *Droit en matière de sépulture.* Paris, 1875, Lecoffre éditeur.

telles, qu'il pensait que tout chrétien doit se lever pour le combattre. L'apostolat laïque est une des nécessités de notre temps. Chacun de nous, si limités que soient ses moyens d'action, si restreinte que soit la sphère de son influence, doit s'engager dans la lutte, en écrivant sur son drapeau cette lumineuse vérité : Le peuple n'a pas de pire ennemi que l'ennemi de ses croyances.

Témoin des ravages que l'incrédulité fait dans les masses, Cochin n'a plus qu'une pensée, qu'une préoccupation : lutter contre le fléau par tous les moyens possibles, par la plume, par la parole, surtout par l'exemple. Nous allons donc le voir se porter partout où apparaît le péril, et, couvert de sa foi comme d'une solide armure, combattre avec une ardeur infatigable pour la grande cause de la religion, inséparable à ses yeux de la cause populaire.

Nous avons ainsi à le considérer successivement sous deux points de vue, et à étudier en lui d'abord le penseur, ensuite l'homme d'action. Cette division, avons-nous besoin de le dire, n'a d'autre but que de mettre de l'ordre et de la clarté dans cette étude. On en sera bientôt convaincu :

il n'y a pas deux hommes en celui dont nous ra-
contons la vie ; il n'y en a qu'un, l'homme du
devoir. Dans l'âge mûr comme dans la jeunesse,
si diverses qu'aient été les situations où il s'est
trouvé placé, à travers les plus étranges vicis-
situdes de grandeur et d'abaissement de son
pays, quand tout change autour de lui, Cochin
ne change pas. Il ne fait pas deux parts de sa
vie ; il la consacre tout entière à l'accomplissement du devoir. C'est par l'unité qu'elle se
distingue ; c'est par là surtout qu'elle est digne
d'admiration.

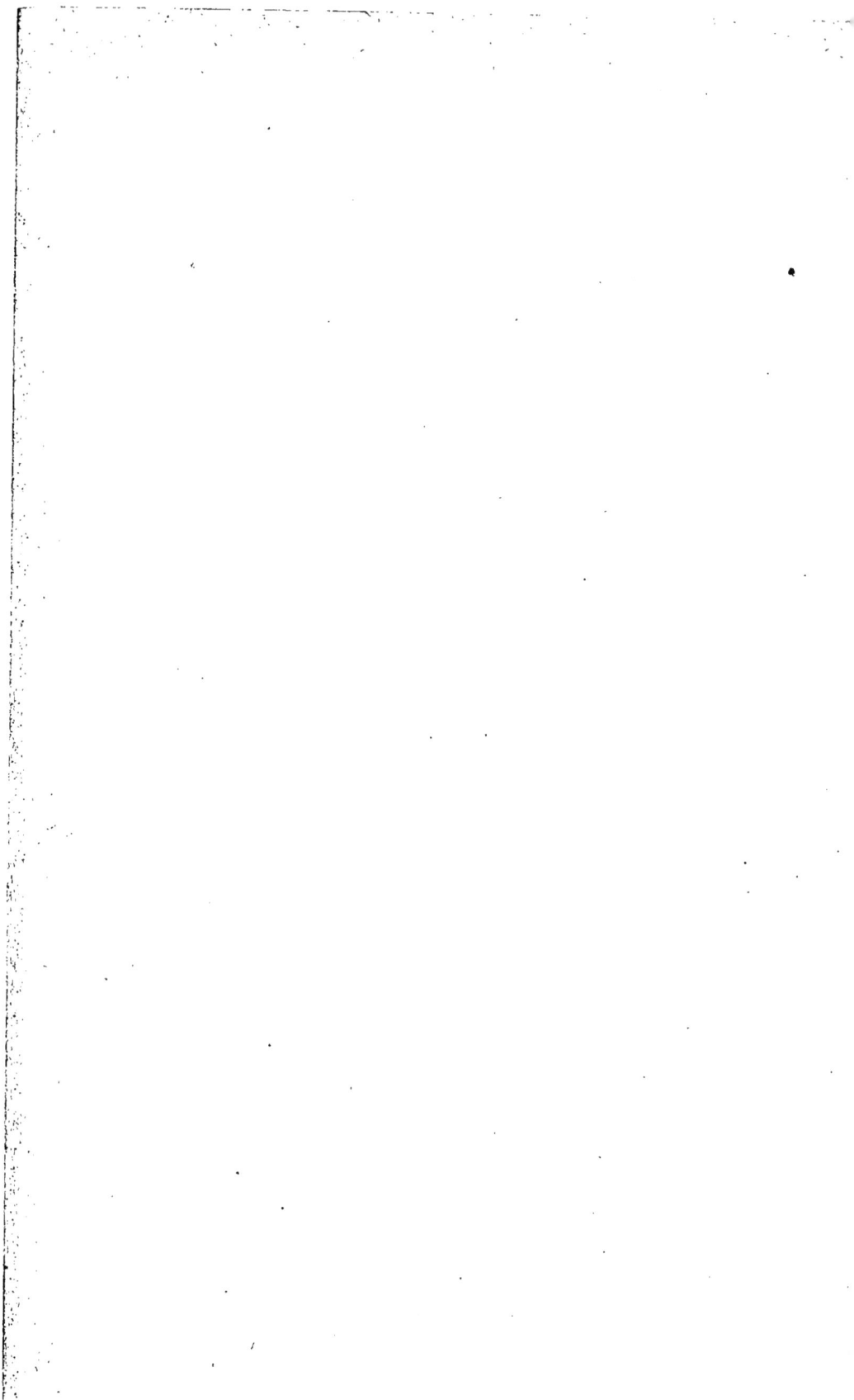

CHAPITRE II

ÉCRITS DE COCHIN. — LA QUESTION DE L'ENSEIGNEMENT.
LE CORRESPONDANT. — L'ABOLITION DE L'ESCLAVAGE.

Le premier écrit de Cochin fixa l'attention de
ceux qui voient dans la question de l'enseignement une question capitale, dont la solution
exerce une influence décisive sur les destinées
d'un peuple. L'Académie des sciences morales
et politiques avait proposé pour sujet de concours
l'examen critique du système d'instruction et d'é-
ducation du célèbre Pestalozzi, considéré principalement dans ses rapports avec le bien-être
et la moralité des classes pauvres. Cochin n'a-
vait que vingt-quatre ans. Il ne craignit pas

d'aborder le concours ; et son mémoire fut l'objet d'une distinction des plus honorables.

Il n'y a pas de sujet sur lequel on soit aujourd'hui plus divisé et plus passionné que celui de l'enseignement. Il semble, à entendre les orateurs de nos réunions électorales, à lire les professions de foi de nos candidats, que le jour où l'on aura décrété la fameuse instruction *gratuite, laïque* et *obligatoire,* on aura trouvé une panacée à tous les maux qui nous affligent ici-bas. Cette dangereuse utopie a dans notre auteur un adversaire résolu. Il prouve que « l'instruction sans « l'éducation est un torrent sans digue. » Hélas ! les horribles événements auxquels nous venons d'assister, n'ont que trop justifié ces paroles. Les insurgés de la Commune possédaient cette instruction laïque, hors de laquelle, dit-on, il n'y a pas de salut. Ils savaient lire et écrire ; et, comme on l'a fait justement observer, ils n'avaient pour la plupart que trop lu et trop écrit. Cependant, quels excès n'ont-ils pas commis ? de quels forfaits ne se sont-ils pas souillés ? Qu'est-ce à dire, sinon qu'il faut à l'homme autre chose que l'instruction pour se conduire, pour mettre un frein à ses convoitises, pour connaître le devoir et lui rester fidèle ? Or, le Christianisme étant incontestablement la meilleure école du devoir, il est évident qu'on ne doit pas séparer l'instruction de l'éducation chrétienne (1).

Qui donnera cette éducation chrétienne à l'enfant du peuple ? Le maître, sans doute ; mais avant lui la famille, et dans la famille, principalement la mère.

« Dans la famille du peuple, dit admirable-
« ment Cochin, la figure dominante, c'est la
« femme, c'est la mère. Tout dépend de sa vertu,
« et finit par se modeler sur elle. Au mari le tra-

---

(1) Vouloir par l'instruction seule moraliser le peuple, est une prétention chimérique. La statistique la condamne ; elle prouve que, malgré les progrès de l'instruction primaire, la criminalité, loin de décroître, a augmenté. En 1826, il n'y avait que 30,000 écoles, recevant 2,400,000 enfants ; en 1876, il y en avait 72,217, fréquentées par 4,700,000 élèves. Ecoles et élèves ont, donc doublé en cinquante ans. Les délits et les crimes ont-ils diminué pendant cette période ? Non : en 1826, il n'y avait que 30,000 individus condamnés à la prison ; en 1878, il y en a eu 110,264.

« vail et les gains du ménage ; à la femme les
« soins et la direction intérieure. Le mari gagne,
« la femme épargne ; le mari nourrit les enfants,
« la femme seule les élève ; le mari est le chef
« de la famille, la femme en est le lien ; le mari
« en est l'honneur, la femme la bénédiction. »

En 1849 Cochin fut appelé, malgré sa jeunesse, à siéger dans la commission instituée pour
la réforme de l'enseignement secondaire ; et là,
à vingt-cinq ans, sous la présidence d'un ministre plein d'initiative et de lumières (1), à côté de
celui qui devait être l'évêque d'Orléans, et d'éminents universitaires tels que Thiers, Cousin,
Saint-Marc Girardin, il eut l'honneur de s'asso-
cier aux travaux d'où est sortie la sage et libérale
loi du 15 mai 1850.

Peu de temps après il entrait au *Correspondant*. Il y retrouvait plusieurs de ses illustres col-
laborateurs de la loi de 1850. Il y voyait le P. Lacordaire dans tout l'éclat de sa renommée ; Oza-
nam, presque aussi éloquent à la Sorbonne que
le célèbre Dominicain à Notre-Dame, et dont

(1) M. de Falloux.

chaque leçon était pour le Christianisme une victoire ; Montalembert, non moins redoutable aux ennemis de l'Eglise lorsqu'il prenait la plume que lorsqu'il montait à la tribune ; le conseiller Foisset, en qui revivait le type vénéré de notre ancienne magistrature ; M. de Laprade, qu'il a peint lui-même par ce mot : « Il a reçu quelque chose de l'héritage du grand Corneille ; » M. de Broglie, digne continuateur d'un grand nom, et d'autres dont on peut dire aussi que ce sont surtout leurs œuvres qui les louent. Il prit une part active à la rédaction de cette revue, destinée à lutter contre l'influence d'une autre revue très répandue, et il ne contribua pas peu au succès croissant qu'elle obtint.

Le *Correspondant* avait pour objet de traiter au point de vue chrétien toutes les questions politiques, sociales et littéraires qu'on agite de nos jours. Le terrain choisi par les fondateurs du recueil était l'accord de l'Eglise catholique avec l'Etat moderne, les lois de celui-ci ne devant jamais contredire les lois de celle-là, qui sont d'institution divine. On se proposait de montrer que le catholicisme, loin d'être l'ennemi de la société nouvelle, issue de la révolution de 1789, pouvait à certaines conditions s'harmoniser très bien avec elle. On espérait ainsi ramener à la foi ceux qui, partant d'une fausse notion de la véritable liberté, ne s'étaient éloignés de l'Eglise que parce qu'ils croyaient le catholicisme et la liberté incompatibles.

L'écrit le plus considérable de Cochin est son ouvrage en deux volumes sur *l'abolition de l'esclavage*. L'auteur étudie l'esclavage dans l'antiquité et dans le monde moderne. Chose étrange ! il y a encore aujourd'hui des partisans de la traite des nègres, des admirateurs de ce beau régime qui divise l'humanité en deux parts, dont l'une est assimilée à la brute, puisqu'on peut vendre et acheter l'esclave comme un vil animal. Pour les éclairer et les convaincre, Cochin a recours à une méthode nouvelle ; et c'est par là que son livre offre le plus vif intérêt. S'appuyant non seulement sur des considérations philosophiques et humanitaires, mais sur des faits et des chiffres, il établit que les propriétaires d'esclaves ont intérêt à l'affranchissement ; que, loin d'y perdre, ils y gagnent. Il démontre, la statistique à la main, que les peuples qui ont supprimé cet odieux trafic de la race humaine, se sont enrichis et ont vu l'agriculture et l'industrie prendre chez eux un rapide essor. Mais, quelle que soit la valeur de ces raisons économiques, il ne faut point, suivant lui, se faire d'illusion sur leur efficacité. L'histoire le prouve ; il n'y a qu'une main assez puissante pour briser les chaînes de l'esclavage, c'est la main du Christianisme.

« Le Christianisme, dit-il, explique au philo-
« sophe la cause du mal ; il inspire à l'écrivain
« le désir de le combattre ; il fournit à l'homme
« d'Etat les moyens de le détruire sans danger.
« On n'a pas aboli l'esclavage avant lui ; on ne
« l'abolit pas en dehors de lui ; on ne l'abolira
« pas sans lui....... L'espérance entrevoit déjà
« l'aurore ʌu jour où la servitude aura complète-
« ment disparu du milieu des nations chrétien-
« nes. En ce jour il y aura grande fête au ciel
« et sur la terre. »

Ce livre eut un immense retentissement, et il est permis de croire qu'il n'a pas été sans influence sur la suppression de l'esclavage au Brésil et dans plusieurs colonies. Les principales villes du nouveau monde envoyèrent des Adresses à l'auteur ; en France, l'Institut s'empressa de l'appeler dans son sein.

———

CHAPITRE III

TRAVAUX ÉCONOMIQUES. — LES PETITES ASSURANCES SUR LA VIE. — LE PAUPÉRISME EN FRANCE ET EN ANGLE-TERRE.

Les mémoires de l'Académie des sciences morales et politiques, où siégeait Cochin, attestent l'importance et la variété de ses travaux. J'éprouve quelque embarras à faire connaître toutes les productions de ce fécond esprit, qui a jeté de si vives lumières sur tant de problèmes économiques. Je ne citerai que les principales.

La question des assurances populaires, des assurances sur la vie, fut de sa part l'objet d'une étude approfondie. Nul sujet n'était plus digne de ses méditations. S'il est, en effet, un spectacle pénible, c'est celui du travailleur surpris tout à coup par la mort, au moment où, dans la force de l'âge, dans la maturité de l'expérience profes·sionnelle, il est je ne dirai pas utile, mais indis-pensable à sa jeune famille. En perdant son chef, elle perd non seulement son protecteur et son appui, mais encore son gagne-pain. Ce qui pour tous est un malheur devient ici un désastre. Il faut donc le prévoir et, si c'est possible, le con-jurer. L'assurance sur la vie n'est-elle pas l'un des meilleurs moyens d'arriver à ce résultat ? L'Angleterre et les Etats-Unis l'ont pensé et nous ont donné l'exemple. Sans doute, l'idée d'assurer un capital à ses héritiers moyennant un sacrifice une fois fait, ou fait de son vivant à des époques périodiques, n'est pas nouvelle. Elle existait chez nous comme chez nos voisins, et plus d'une com-pagnie en avait fait l'application. Mais jusqu'à ces dernières années les gros capitaux seuls, pou-vant payer de fortes primes, y avaient recours. Les compagnies ne se souciaient pas d'appeler à elles les petites bourses, parce qu'en matière d'assurances il est de principe qu'on doit opérer sur des sommes considérables, pour couvrir les

frais et les risques inséparables de ce genre d'en-
treprises. C'est la conviction que l'initiative privée est impuissante à résoudre le problème des
assurances à bon marché qui conduisit, en 1864,
le chancelier de l'Echiquier Gladstone à proposer au Parlement anglais l'intervention de l'Etat.
Malgré la répugnance de nos voisins à substituer l'action gouvernementale au libre effort des
volontés individuelles, la proposition Gladstone
fut acceptée, et un bill du 14 juillet 1864 auto-
risa la création d'une caisse d'assurance sur la
vie, avec le concours et la garantie de l'Etat.

Cochin se rendit en Angleterre pour étudier sur
les lieux le mécanisme de l'institution nouvelle.
Il n'en revint qu'après avoir examiné la question
sous toutes ses faces, et il adressa à ce sujet un
important mémoire à l'Académie des sciences
morales et politiques. La *Revue d'économie chrétienne* le publia dans son numéro de juillet 1865,
sous ce titre : *Les petites assurances sur la vie
dans les bureaux de poste en Angleterre.* L'auteur
constate que, de 1844 à 1863, 259 compagnies
anglaises d'assurance sur la vie ont fait faillite,
et dissipé les sommes que l'épargne leur avait

confiées. Voilà pourquoi, malgré son goût pour la décentralisation et l'initiative privée, il n'hésite pas à se rallier au système de l'intervention de l'Etat. Il formule ainsi ses conclusions :

« 1° L'assurance sur la vie est la forme la plus désintéressée de la prévoyance, et elle mérite d'être encouragée.

« 2° Réduite à de petites sommes, elle est délaissée par les compagnies solides, exploitée par des compagnies suspectes. Elle doit être, *au moins provisoirement,* confiée à l'Etat.

« 3° Le service des postes est le meilleur auxiliaire de l'épargne populaire. »

Trois ans plus tard, les idées du publiciste chrétien recevaient leur consécration légale. La loi du 11 juillet 1868, qui a eu le rare et peut-être l'unique privilége d'un vote unanime, établit une caisse d'assurances sur la vie sous la gestion et la garantie de l'Etat. Désormais le plus modeste travailleur, n'eût-il que ses bras pour gagner sa vie et celle de sa famille, peut regarder l'avenir sans crainte. Une mort prématurée brisera peut-être son existence ; elle ne réduira pas ses enfants à la misère, puisqu'il dépend de lui, moyennant un léger sacrifice, de leur assurer du pain. La même loi a créé une caisse d'assurances en cas d'accidents entraînant une incapacité de travail.

On sait que les lois des 18 juin 1850 et 4 mai 1864 ont organisé une *caisse de retraites pour la vieillesse,* qui garantit à ses déposants jusqu'à 1,500 francs de rente, en réservant le capital à la famille. Des lois récentes sur *le travail des enfants dans les manufactures* ont prouvé que le législateur étend sa protection sur tous les âges. Si donc il est vrai de dire qu'aucune époque n'a vu naître un plus grand nombre d'œuvres de charité que la nôtre, aucun temps aussi n'a été plus fécond en institutions de prévoyance. Ceux-là calomnient la société, qui, dans un but facile à comprendre, lui reprochent sans cesse de ne rien faire pour les classes laborieuses. La vérité est qu'elle n'a jamais entouré l'ouvrier d'une plus vraie, d'une plus constante sollicitude. Libre à lui de ne pas répondre à son appel ; mais, au jour de la détresse, il ne pourra plus accuser que sa propre imprévoyance.

On voit par ce qui précède que Cochin a par-

ticipé plus que personne au mouvement huma-
nitaire qui sera l'honneur de notre temps. Son
nom restera attaché à la bienfaisante loi sur les
assurances populaires (1).

Le mémoire de Cochin sur ce sujet ne fut pas
le seul fruit de son voyage à Londres. Toujours
préoccupé de la question de la misère, il voulut
examiner sous quel aspect elle se présentait de
l'autre côté du détroit. De là une remarquable
étude sur *le paupérisme comparé en France et en
Angleterre*. Le savant économiste prouve que
nos voisins, malgré leur budget de *l'income-tax*
si largement doté, souffrent plus que nous. Il ne
faut pas, suivant lui, en chercher la cause ailleurs que dans la différence de religion des deux
pays. La philanthropie protestante, si respectable
qu'elle soit, a une puissance restreinte. On peut
calculer ses bienfaits d'avance, et les encadrer

(1) Cochin a ouvert la voie aux publicistes qui ont
écrit sur cette matière. Parmi les travaux qu'on lira
avec le plus d'intérêt, je suis heureux de citer celui de
mon confrère et ami M. Rougier, professeur d'économie politique à la Faculté de droit de Lyon. (Paris,
1869, Guillaumin, éditeur.)

en quelque sorte dans les limites d'un budget. Qui osera mesurer l'élan de la charité catholique, et assigner un terme à sa fécondité ?

Aux travaux économiques dont je viens de parler, il faut joindre les publications suivantes : *Le progrès des sciences et de l'industrie au point de vue chrétien. — De la conversion en rentes des biens hospitaliers. — Paris, sa population et son industrie.* Il serait trop long d'analyser ces différents écrits ; on doit les lire. Tous se recommandent par la sûreté des recherches et la justesse des aperçus.

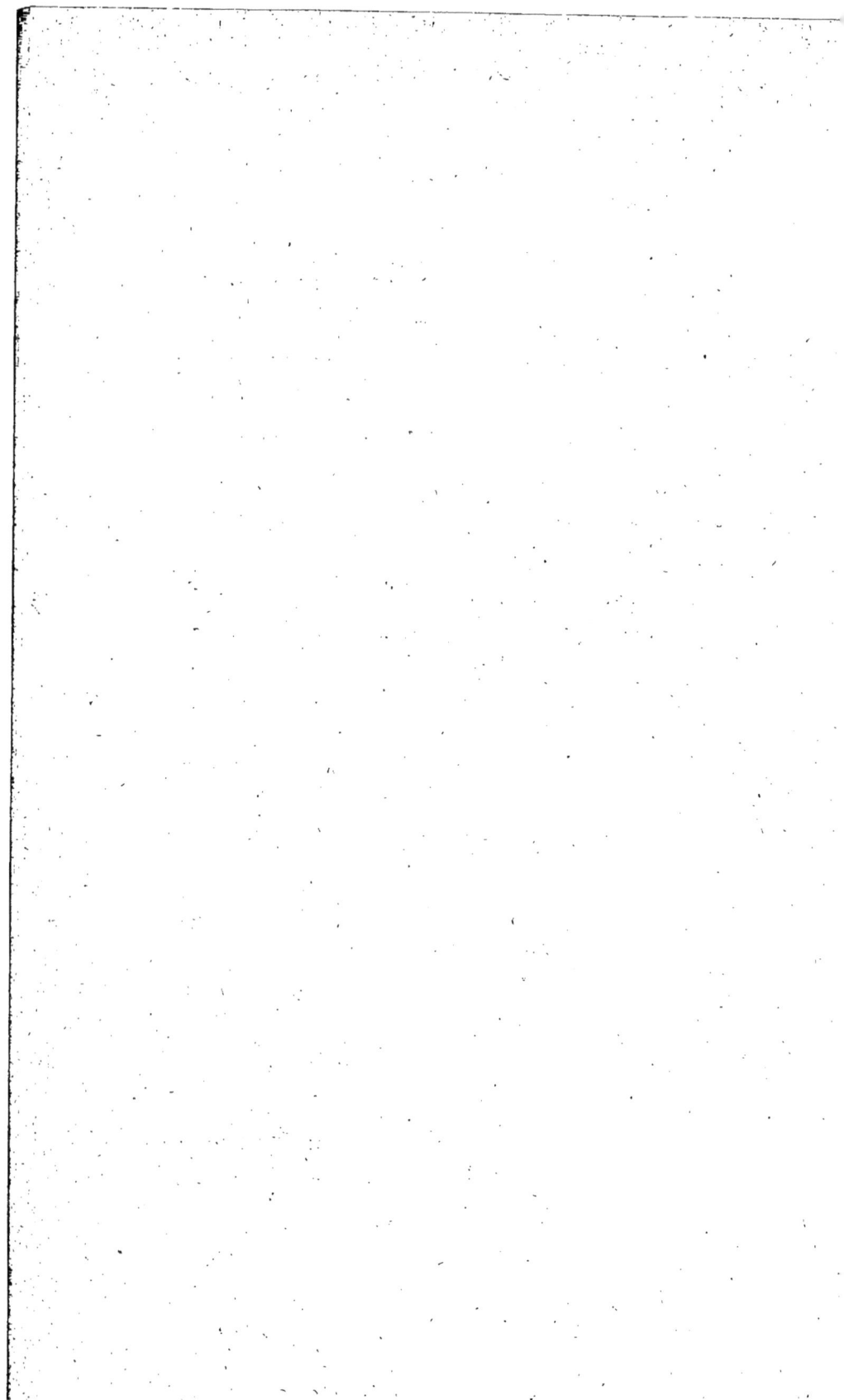

CHAPITRE IV

J'appellerai particulièrement l'attention sur
une dissertation qui fut lue par Cochin au congrès international de bienfaisance de Londres, et
qui parut en 1862 sous ce titre : *De la condition
des ouvriers français*. L'auteur nous donne le
dernier état de la science sur cette importante
question. Il expose avec une grande netteté les
doctrines de Louis Reybaud, Audiganne, Levas-
seur, Jules Simon, Le Play, et il juge avec sa
sagacité habituelle les solutions proposées par
ces divers économistes.

Tout d'abord on le voit s'éprendre d'une vive

admiration au spectacle magnifique qu'offre l'industrie, en présence de cette foule immense de travailleurs, de ce concert de la famille humaine, réalisant sous le regard de Dieu le plan providentiel, qui est *le travail*. Il nous fait assister à la lutte incessante de l'homme contre la nature pour la vaincre et la plier à tous ses besoins. Avec lui nous étudions le travailleur, *l'homme de peine*, comme on le dit si justement. Attentifs et émus, nous suivons celui-ci dans toutes les phases de son existence, dans toutes les variétés de son labeur, depuis cette ouvrière en soie ou en dentelles que nous payons de quelques sous, quand elle nous livre les plus brillantes parures, jusqu'à cet ouvrier lapidaire qui, sur les montagnes escarpées du Jura, tient des diamants et ne mange que du pain noir. S'élevant aux plus hautes considérations, l'économiste chrétien dé-« couvre à nos yeux « les liens qui unissent le « bien-être à la morale, la morale à la politique, « la vie du plus petit à la vie de tous, et le repos « d'un enfant au repos public. »

Dans cet écrit, Cochin traite les deux questions que voici :

1° Quelle était autrefois, en France, la condition des ouvriers ? S'est-elle améliorée ?

2° S'il y a progrès, amélioration dans leur sort, d'où vient le malaise profond que nous ressentons ? Quelle est la cause du violent antagonisme qui éclate si souvent entre les ouvriers et les patrons ? Quel est le moyen d'y remédier ?

Questions graves et assurément pleines d'actualité.

Oui, dit notre auteur, il y a une amélioration évidente, incontestable dans la situation des travailleurs. Il y a en effet aujourd'hui plus d'instruction qu'autrefois. L'enseignement primaire a reçu des développements considérables ; il n'y a pas de commune qui n'ait maintenant son école.

Mais c'est surtout dans les œuvres de charité et les institutions de prévoyance que le progrès est sensible. Il suffit, pour s'en convaincre, de jeter les yeux sur nos crèches, nos salles d'asile, nos providences, nos hôpitaux, et de mettre en regard de la stérilité du passé les fécondes créations de notre temps : caisses d'épargne, sociétés de secours mutuels, assurances sur la vie, caisses de retraite, etc. Sous ce rapport, les grandes

4

compagnies ont fait les plus louables efforts. C'est ainsi que la compagnie des houillères de la Loire, subdivisée aujourd'hui en quatre compagnies distinctes, n'a pas craint de dépenser plus de quinze cent mille francs en établissements de prévoyance.

Oui encore, il y a amélioration dans les conditions matérielles de l'existence. L'ouvrier est aujourd'hui mieux nourri, mieux vêtu, mieux logé qu'autrefois. Objectera-t-on que le prix des choses nécessaires à la vie a augmenté ? Mais d'abord, cela n'est pas exact pour toute espèce d'objets. Le pain, par exemple, ne coûte pas plus cher ; le vêtement a même baissé de prix. Et puis, qui ne voit que les salaires ont suivi une marche ascendante ?

Donc, quoi qu'en disent les esprits chagrins, et surtout les agitateurs intéressés à assombrir le tableau, les progrès dans la condition des travailleurs sont indéniables.

D'où viennent-ils ? Notre auteur les rapporte à trois causes principales.

La première, c'est le Christianisme. Le Christianisme est le plus grand événement de l'histoire. C'est aussi, dit très-bien Cochin, *le plus grand événement de l'histoire des ouvriers.* Jésus-Christ n'a pas dédaigné de travailler lui-même dans l'atelier de Nazareth ; et il a ainsi relevé le travail, abaissé, dégradé par le paganisme. Lorsqu'il a prêché sa doctrine, ce sont surtout les pauvres, les déshérités de ce monde qu'il a appelés à lui pour les soulager. Et depuis lors, fidèle aux préceptes et à l'exemple de son divin fondateur, l'Eglise n'a cessé d'étendre une main bienfaisante sur la souffrance et le malheur. Pour juger de ce que le peuple doit au Christianisme, il suffit de comparer l'état des nations chrétiennes avec celui des peuples qui ne marchent point encore à la lumière de la Révélation. L'histoire est donc, suivant la belle pensée de Cochin, *comme un cinquième Evangile qui atteste la divinité du Christianisme.*

De cette grande et universelle cause d'amélioration pour l'humanité, l'auteur passe à une cause plus spéciale, plus restreinte, mais non moins certaine : le développement des sciences et de l'industrie. Le progrès de la mécanique a eu pour conséquence le progrès des machines, qui permettent de produire plus, mieux et à meilleur marché. C'est grâce à l'invention et au perfectionnement des machines, que l'ouvrière paie aujourd'hui cinquante centimes le mètre d'indienne, qu'elle payait autrefois six francs. Ce sont les machines qui, en soixante ans, ont amené la production du coton de vingt-cinq millions à quatre milliards et demi de francs (1), et donnent à l'ouvrier la possibilité de se procurer à bon marché des bas, des chemises et d'autres vêtements dont il se privait autrefois.

Cochin exposait en 1862 ces idées élémentaires. Mais telle est la puissance des préjugés, qu'en 1876 les orateurs du congrès ouvrier de Paris ont reproduit, contre les machines, les ineptes accusations dont on pouvait croire que le bon sens avait fait justice (2).

Enfin, suivant notre auteur, la suppression des anciennes corporations de métiers, des jurandes et des maîtrises, n'est pas étrangère à l'augmen-

(1) Chiffres cités par L. Reybaud dans ses belles études sur le régime des manufactures.

(2) Voyez le discours du citoyen Dupin, du 7 octobre 1876.

tation de bien-être dont jouissent maintenant les travailleurs. Sans nier les services rendus par ces corporations, si puissantes avant la Révolution, tout en reconnaissant qu'elles avaient, entre autres avantages, celui de préserver l'ouvrier de l'isolement dangereux où il se trouve aujourd'hui, Cochin estime qu'elles ont fait leur temps, et qu'à tout prendre, le régime actuel de la liberté du travail est préférable à l'ancien. En effet, avec les corporations, telles qu'elles existaient autrefois, pas de liberté d'industrie, par conséquent pas de concurrence. Or, sans concurrence, il est difficile que la production s'améliore, et que le consommateur ne soit pas à la merci du producteur (1).

Faute d'avoir bien saisi la pensée de notre auteur sur ce point, quelques-uns ont cru voir en lui un adversaire des idées développées par

(1) M. Ducarre arrive aux mêmes conclusions dans le remarquable rapport qu'il a présenté à l'Assemblée nationale, au nom de la Commission d'enquête parlementaire sur les conditions du travail en France. (V. p. 175 de l'édition de Versailles.)

Notons que, dès 1865, Cochin avait sollicité cette en-

des hommes éminents, comme MM. Le Play et
Harmel, dont les vues n'ont pas toujours été bien
comprises. Cochin était un esprit très élevé, mais
en même temps très pratique. Nul n'avait plus
de raison, de sagesse, de mesure. Ennemi de la
routine, il ne l'était pas moins de l'utopie. Aussi,
de quelque côté qu'elle vînt, la combattait-il avec
énergie. Le possible, le réalisable, tel était son
invariable objectif. S'il traite sans pitié les rêve-
ries socialistes, par exemple l'égalité des salaires,
ce paradis des paresseux, suivant sa juste et pit-
toresque définition, il n'a garde de rejeter toutes
les théories nouvelles. C'est ainsi qu'il accueille
avec faveur, et qu'il applique dans la compagnie
du chemin de fer d'Orléans, dont il est administrateur, le système de la participation de l'ouvrier
aux bénéfices du patron, depuis battu en brèche
par plus d'un économiste, notamment par M.

quête. « Les enquêtes, dit-il, sont des questions adres-
sées à des hommes compétents..... Je ne connais rien
de plus solennel et de plus efficace que cette grande
enquête de 1834 en Angleterre, qui a conduit à réformer la loi des pauvres et le régime des manufactures. »
(*La Réforme sociale en France*, p. 60.)

Leroy-Beaulieu. De même, à ses yeux, vouloir ré-
tablir purement et simplement la corporation ancienne, c'est vouloir ressusciter un passé impossible. Mais, tout en respectant le principe de la
liberté du travail qui est définitivement acquis,
ne pourrait-on pas établir entre ouvriers et patrons exerçant le même état, des associations
particulières, des confréries, les unissant par des
liens religieux, non moins puissants que les liens
légaux qui existaient avant la Révolution ? Ce
remède aux maux qu'engendre l'individualisme
rentrait dans les vues de Cochin, et l'on ne peut
douter qu'il l'eût propagé de toutes ses forces, car
c'est dans l'action du Christianisme qu'il plaçait
le salut.

Je sais que les grands hommes d'Etat qui nous
gouvernent ne seront pas de cet avis. Ils exécu-
tent, comme une inflexible consigne, le plan
d'une secte redoutable, qui veut bannir de la société toute influence religieuse. Par son vote
aveugle, irréfléchi, l'ouvrier devient leur com-
plice. Il ne comprend pas qu'en agissant ainsi, il
est son propre ennemi ; il ne voit pas que les
coups portés à la religion viennent indirecte-

ment, mais sûrement l'atteindre. Et cependant quoi de plus facile à lui démontrer ?

L'ouvrier veut être libre, indépendant, ne relever que de lui-même. Le régime de la liberté du travail, inauguré en 1789, lui est cher. Mais s'il y trouve des avantages, il est obligé d'en subir les conséquences. Il ne peut se soustraire à la loi de la concurrence ; il doit courber la tête sous l'inflexible niveau de l'offre et de la demande. Le voilà donc fatalement engagé dans une lutte sans trève ni merci, où les habiles et les forts triomphent, où les moins bien doués sont condamnés à périr. Darwin et son école, en posant leur fameux principe de *la lutte pour l'existence,* ne reculent pas devant cette rigoureuse extrémité. Tel est le dernier terme auquel aboutissent les doctrines matérialistes, qu'on cherche à remettre en honneur. Elles conduisent à l'écrasement des faibles, que la religion chrétienne couvre de sa protection. C'est qu'en effet, lorsqu'on sort du Christianisme, lorsqu'on ne veut plus avoir d'autre horizon que celui de cette courte vie, il n'y a plus qu'à s'enrichir et à jouir. Alors la voix du pauvre devient importune, le dévouement et la charité n'ont plus de sens, l'individu tombe dans un implacable égoïsme, et la société est livrée au droit du plus fort (1).

Mais, grâce à Dieu, malgré les tentatives in-sensées dont nous sommes témoins, la France

(1) Ces idées faisaient l'objet de l'enseignement d'un philosophe éminent, qui malheureusement n'a pas écrit. Je veux parler de l'abbé Noirot, longtemps pro-fesseur de philosophie au Lycée de Lyon. Je saisis avec empressement l'occasion qui m'est offerte de rendre hommage à la mémoire vénérée de mon ancien maître. Retiré à Paris, l'abbé Noirot continua ses leçons de philosophie et d'économie politique au cercle catho-lique du Luxembourg, et il n'est pas impossible que Cochin en ait profité. En tous cas, il se place au même point de vue que nous dans son résumé critique de *la Réforme sociale en France de Le Play.* « Sans le Chris-tianisme, dit-il, plus indispensable à mesure que l'homme devient plus libre, les sociétés modernes, les démocraties partiraient de la justice pour aboutir à l'injustice, de la liberté pour aboutir à l'oppression; elles ne seraient que la grossière compétition des plus forts, et le continuel délaissement des petits et des vaincus de la vie..... Au sein d'une nation d'enrichis et de parvenus, la jouissance et l'insensibilité domine-raient, en dépit des belles phrases, si la religion de l'Evangile était morte au fond des cœurs. »

reste chrétienne ; et c'est là ce qui la préserve des conséquences du régime de la liberté absolue et de la concurrence sans frein.

Arrivons maintenant à la seconde partie du problème que Cochin s'est proposé d'examiner et de résoudre.

Il y a plus d'aisance, plus de bien-être dans la classe ouvrière ; et cependant le calme est loin de régner dans les esprits ; l'inquiétude, au contraire, nous obsède ; nous tremblons toujours pour le lendemain. D'où cela vient-il ? Suivons notre auteur ; il nous indiquera les causes du mal et les moyens de le combattre, avec la perspicacité dont il a fait preuve dans l'exposé du bien qui s'est accompli.

On a dit souvent qu'en ce monde toute chose a son bon et son mauvais côté. Cela est vrai de l'industrie. Elle a fait d'immenses progrès, et de nos jours elle s'est transformée. Cette transformation est précisément l'une des causes de la crise que nous traversons. Les moteurs mécaniques ont été presque partout substitués aux métiers mus par la main de l'homme. On voit tout de suite l'effet que ce changement a dû produire :

c'est le remplacement du travail disséminé par le travail aggloméré ; c'est la concentration sur certains points d'un grand nombre d'ouvriers, autrefois dispersés dans un vaste rayon. De là les dangers, les désordres de tout genre qu'entraîne l'agglomération. De là le contraste, tant de fois reproduit, des campagnes où règnent le bien-être et la moralité, et des villes qui ont en partage le vice et la misère.

Cochin ne nie pas cette affligeante réalité. Mais, en homme pratique, il pense qu'on ne doit pas s'attarder à gémir sur un fait, quand il est inévitable ; qu'il ne s'agit pas d'arrêter le mouvement industriel, mais de le surveiller et de le diriger. Quoi ! parce que l'agglomération a ses périls, faudra-t-il renoncer à l'exploitation des mines, et s'en tenir à la production forestière ? Supprimerons-nous ces magnifiques usines, qui honorent tant la métallurgie française, et dont les produits font l'admiration de l'étranger ? Fermerons-nous ces immenses fabriques, où l'on tisse les étoffes de laine et de coton avec une si merveilleuse rapidité ? Personne assurément n'oserait le proposer ; car ce serait décréter la mort de l'industrie, dont les progrès profitent à l'ouvrier comme à tout autre. Donc il faut accepter le régime de la manufacture, et se résigner au travail aggloméré.

Gardons-nous d'ailleurs de toute exagération. Si le travail en commun a ses inconvénients, n'a-t-il pas aussi ses avantages? Comment en douter, quand on examine attentivement et sans parti pris ce qui se passe dans nos divers centres industriels ? Qu'on nous permette de joindre ici le résultat de nos propres observations, aux considérations si judicieuses développées par Cochin sur ce sujet. Lyon est une ville où le travail est disséminé. La fabrication des étoffes de soie, qui constitue sa principale industrie et fait son honneur et sa richesse, s'opère dans une multitude d'ateliers, où l'on ne compte souvent qu'une ou deux personnes. Ouvriers et ouvrières y sont par conséquent à l'abri des dangers de l'agglomération. S'ensuit-il que leur esprit soit plus sain, que leurs mœurs soient meilleures? Malheureusement non. Est-ce que, dans notre grande cité lyonnaise, l'ivrognerie, ce fléau de la classe ouvrière, ne sévit pas autant qu'ailleurs ? Cela n'est que trop certain. L'isolement n'est donc pas toujours un préservatif pour le travailleur. Allons plus loin; il a aussi son mauvais côté.

L'ouvrier isolé est livré à lui-même; il ne relève que de lui. Tantôt il travaille avec une activité fiévreuse, au risque de tomber malade et de perdre par un chômage forcé le fruit de ses veilles ; tantôt il s'abandonne à une coupable et funeste oisiveté. Ces excès en sens inverse lui sont permis, car il est libre. Il n'a d'autre règle que celle qu'il a la sagesse de s'imposer à lui-même, et la force d'observer. Combien peu sont capables d'une telle sagesse et d'une telle énergie !

Le travail qui s'effectue dans nos grandes manufactures a sur le travail isolé l'avantage de la régularité. Il est réglementé. Dès lors, pas de labeur excessif, mais aussi pas d'heures perdues. On parle souvent de la manufacture sans la connaître; on a été jusqu'à dire qu'elle ressuscitait l'esclavage antique (1). C'est une déclamation

(1) Lamennais, dont j'ai rappelé plus haut l'influence sur le mouvement révolutionnaire de notre époque, a publié un écrit sous ce titre : *De l'esclavage moderne*. Il ose dire que toutes ses préférences sont pour l'es-

ridicule. Il faut être ennemi de toute règle, de toute discipline, pour ne pas voir que les ouvriers gagnent autant que les patrons à ce régime légitimement proposé par les uns, librement accepté par les autres.

J'ajoute que l'influence religieuse se fait quelquefois plus facilement sentir dans les grands ateliers que dans les petits. Les établissements de M. Bonnet à Jujurieux, de M. Martin à Tarare, en sont la preuve. Les démocrates du jour prétendent, il est vrai, que la religion est un luxe inutile, et ils ne se gênent pas pour la proscrire aussi bien de l'atelier que de l'école. Mais que n'entendent-ils la voix de nos économistes les plus autorisés, de L. Reybaud, par exemple (1) ? Ils apprendraient de lui que les ateliers où les ouvrières sont dirigées par des religieuses, sont de beaucoup supérieurs aux autres ; que la pen-

clavage ancien. Bien que le mot ne puisse être pris au sérieux par personne, on affecte de s'en servir encore dans les congrès ouvriers. Je le retrouve dans la délibération prise le 30 janvier dernier par une nombreuse assemblée de tisseurs lyonnais.

(1) Dans ses études sur le régime des manufactures.

sée de conduire les masses à l'aide du seul principe de la fraternité universelle est une chimère, et qu'enlever au peuple sa religion, c'est lui faire un mal irréparable.

Après avoir défendu la manufacture contre ceux qui désireraient la voir disparaître, Cochin nous indique les réformes qu'il voudrait y introduire. Il signale deux abus sur lesquels il appelle l'attention des chefs d'industrie : 1° le travail des mères de famille en dehors de leur domicile, 2° le mélange des hommes et des femmes dans les mêmes ateliers.

En principe, il est mauvais que la femme mariée ne travaille pas chez elle. Le régime actuel du labeur en commun lui est funeste ; il l'est par suite à la famille et à la société tout entière. En effet, lorsque la femme est obligée d'abandonner sa demeure, les enfants n'ont plus de direction, le mari vit au cabaret, il n'y a plus de foyer domestique. Il faut donc lutter contre ce courant destructeur de la famille. Mais, s'il est impossible de tarir du jour au lendemain le mal dans sa source, si l'on est obligé de tenir compte des exigences de l'industrie, de la concurrence étran-

gère, de la nécessité pour la femme d'augmen-
ter par son salaire les ressources trop restreintes
du ménage, au moins doit-on la préserver des périls auxquels la fragilité de son sexe peut l'exposer. Dans certains ateliers, où les sexes sont con-
fondus, il faut quelquefois des prodiges de vertu
à une pauvre femme pour rester honnête. Que
les patrons y réfléchissent ; qu'ils soient sévères
dans le choix de leurs contre-maîtres. Gardiens
nés de la moralité de leurs ouvrières, ils s'expo-
sent, en s'obstinant dans une promiscuité dangereuse, à la plus grave des responsabilités.

Les conclusions de Cochin sur la question des
rapports entre patrons et ouvriers se retrouvent
à peu près les mêmes dans tous ses écrits. Nulle
part, cependant, il ne les a formulées avec plus
de précision et de vigueur que dans son étude
sur *la Réforme sociale en France de Le Play*. Je
crois devoir les citer textuellement :

« Que faut-il faire ? Rendre aux populations
« ce qui leur manque : la religion, la propriété,
« la famille. Qui leur rendra ces biens ? L'accord
« des classes qui font travailler avec les classes
« qui travaillent, établissant entre elles des enga-

« gements *libres,* mais *permanents.* Tout chef
« d'industrie, tout patron, tout propriétaire, qui
« comprend ses devoirs et ses intérêts, a pour
« premier devoir et pour premier intérêt de
« maintenir autour de lui la population ouvrière,
« en la plaçant dans la vie de famille, de reli-
« gion, de propriété. L'église et l'école restau-
« rent l'ordre moral ; le logement et l'occupa-
« tion de la femme à la maison rétablissent la
« famille ; les institutions et associations de pré-
« voyance conduisent à la propriété. La paix pu-
« blique repose sur ce patronage volontaire et
« sur cette association libre sans intervention de
« l'Etat. Harmonie entre les classes, afin d'éviter
« le désordre, concurrence entre les nations, afin
« d'écarter la routine, telles sont les conditions
« de l'avenir, sans aucun retour vers le passé,
« sans aucune violation des principes d'égalité,
« de responsabilité. Il n'y a pas de pierre philo-
« sophale à découvrir, pas d'ancien régime à re-
« gretter. Il s'agit de rendre aux hommes, comme
« on rend l'eau aux poissons pour qu'ils vivent,
« les conditions éternelles de leur existence, un
« culte, une famille, une propriété. Tout ce qui

5.

« écarte de là mène au mal ; tout ce qui conduit
« là mène au bien. »

Aux yeux de Cochin, le mal dont nous souffrons est surtout un mal moral, et ce sont les âmes
qu'il faut d'abord guérir. Mais aujourd'hui nous
sommes généralement trop sévères pour les autres, trop indulgents pour nous-mêmes. Effrayés
des plaintes, des murmures, des menaces, qui
s'élèvent à chaque instant du sein des masses,
nous nous écrions : Il y a parmi les ouvriers un
grand désordre ; et nous n'apercevons pas que
ce désordre règne dans la société tout entière.
Cochin voit la société comme elle est. Son esprit
répugne aux classifications arbitraires, aux divisions irritantes. Ce mot : *les nouvelles couches sociales,* si dédaigneusement tombé naguère des
lèvres d'un favori de la multitude, il l'eût repoussé comme une injure au peuple, comme un
outrage à la vérité. La société lui apparaît telle
que nous la montre le Christianisme dans sa
majestueuse unité. Pour lui, c'est un être vivant,
dont tous les membres sont unis par la plus
étroite solidarité, puisque, suivant l'expression
de saint Paul, *nous sommes tous membres les
uns des autres.*

Donc, si l'on veut rendre l'ouvrier meilleur, la première des conditions à remplir est d'améliorer le milieu qui l'entoure. C'est en vain qu'on lui prêchera le respect de la religion, de la propriété, de la famille, si on ne les respecte pas soi-même. Il faut lui donner le bon exemple. Le bon exemple ! Voilà, d'après le publiciste chrétien, la clef de la question sociale ; et, dans l'ardeur de ses convictions généreuses, il n'hésite pas à proposer la création d'un jury d'honneur pour récompenser les patrons qui se conduiront le mieux envers leurs ouvriers.

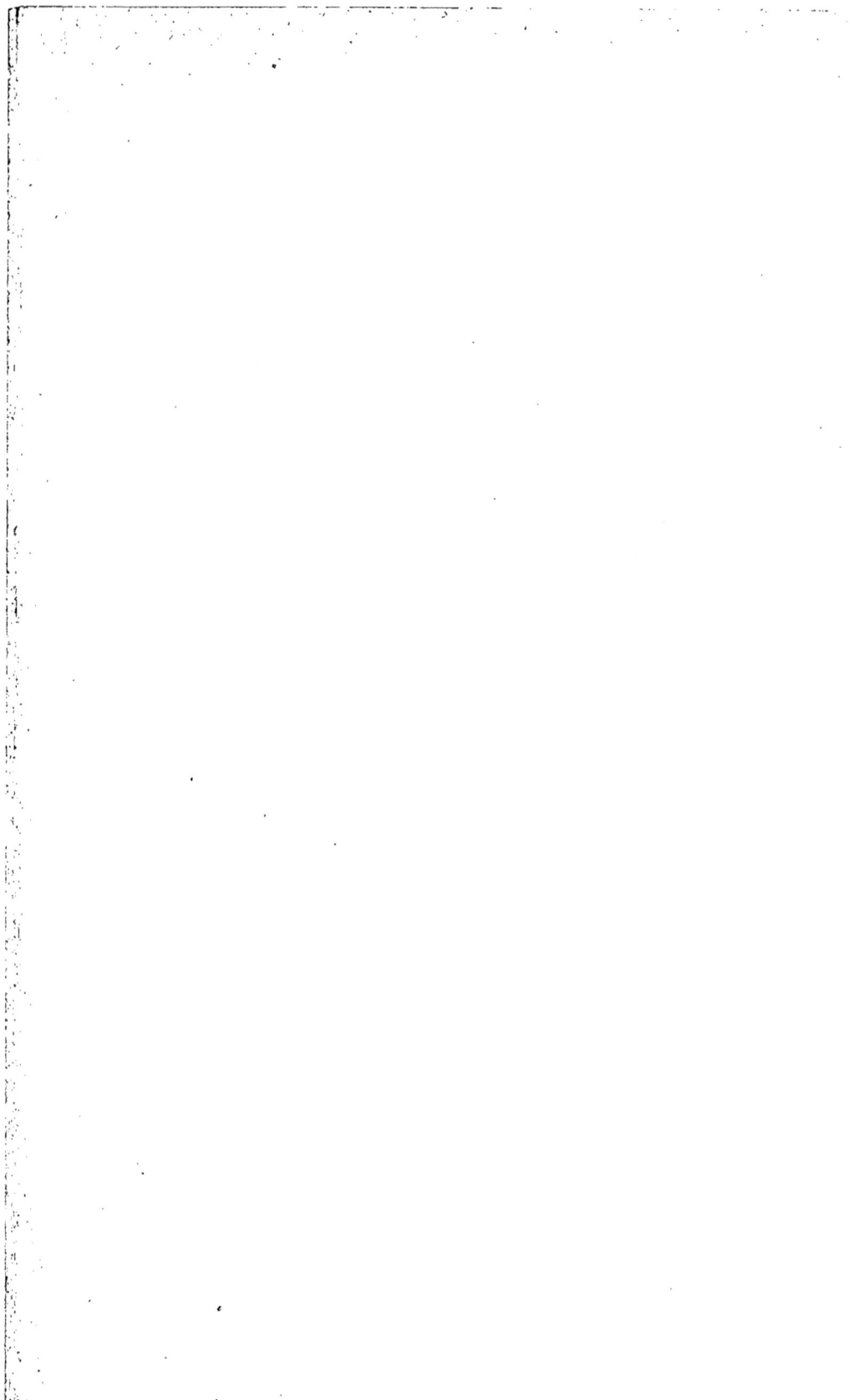

CHAPITRE V

Ces idées si nobles, si élevées, Cochin ne se
contentait pas de les vulgariser par ses écrits. En
collaborant aux Revues les plus importantes, en
présentant des rapports à l'Institut, en publiant
des livres, il pensait n'avoir accompli qu'une partie de sa tâche. La cause sacrée du devoir, qu'il
défendait si vaillamment la plume à la main,
n'avait pas d'avocat plus éloquent dans les réunions privées, les cercles, les conférences publiques. Ecrivain distingué (on a pu en juger par
quelques citations), il était de plus un véritable
orateur.

J'ai dit ailleurs (1), en retraçant la vie d'un homme qui a été l'une des grandes illustrations du Barreau et de la Tribune, à quel prix est l'éloquence. Elle a deux sources d'inspiration bien différentes. Si elle n'a d'autre culte que celui des jouissances matérielles, si, comme on en a aujourd'hui un trop fameux exemple, elle n'apparaît que pour flatter les mauvais instincts et déchaîner les passions populaires, elle peut briller et éblouir un instant la foule ; mais son éclat sinistre est toujours éphémère. Elle n'éclaire d'une lumière pure et durable, elle ne répand une chaleur féconde, que lorsque, s'allumant elle-même à l'éternel foyer du vrai, du beau et du bien, elle cherche à en faire jaillir quelque étincelle dans nos âmes.

Quelle a été la cause de tant de succès oratoires remportés par Cochin sur des théâtres si divers? Où était le secret de son éloquence? Ceux-là surtout sont intéressés à le savoir, que leur profession appelle à l'honneur de la parole publi-

(1) Dans une étude sur *le président Sauzet*. (Lyon, 1878, Riotor, imprimeur de l'Académie.)

que. En étudiant attentivement ce grand modèle,
ils seront convaincus, comme moi, que le discours n'était pour lui que l'accomplissement d'un
devoir, l'occasion d'attester sa foi, le moyen de
faire pénétrer dans l'esprit de ses auditeurs quelque vérité fondamentale du Christianisme. Dieu
lui était toujours présent ; et l'on peut affirmer
qu'il n'est jamais venu prendre la parole dans
une réunion importante sans se dire : Je vais parler devant Dieu. Un jour il sortait d'une immense
assemblée, où il avait fait une conférence sur
Abraham Lincoln. A plusieurs reprises on l'avait
couvert d'applaudissements. Ses amis le compli-
mentaient. « Quel mérite ai-je ? leur répondit-il.
« Au-dessus des trois mille paires d'yeux bra-
« qués sur moi dans la salle, je voyais un seul
« œil qui me regardait d'en haut, qui scrutait
« ma parole et ma pensée, et à celui-là seul j'é-
« tais soucieux de plaire. »

Les mêmes succès auraient suivi Cochin à la
tribune de nos assemblées parlementaires, s'il lui
eût été donné d'y paraître. Mais le suffrage universel, auquel, dans un jour d'illusion bien légitime, il avait cru pouvoir faire appel, ne le jugea

pas digne d'un tel honneur. On aurait le droit
de s'en étonner, si l'on ne savait par expérience
toutes les erreurs dont est capable cet arbitre
souverain de nos destinées. Qui donc, en effet,
eût dû être plus populaire que celui auquel les
ouvriers de Montmartre avaient adressé ces flatteuses paroles : « Vous nous relevez à nos pro-
« pres yeux, car, si nos mains sont rudes, nos
« cœurs sont tendres ; et il nous plaît d'entendre
« ainsi parler de notre condition et de nos des-
« tinées? » Qui était plus digne d'être l'élu du
peuple que celui dont le dévouement arrachait à
un ouvrier ce cri du cœur : « Lorsque quelqu'un
« s'occupe de nous comme monsieur Cochin, eh
« bien! nous l'aimons et nous lui sommes recon-
« naissants ? »

CHAPITRE VI

OEUVRES DE COCHIN. — LA MAIRIE DU DIXIÈME ARRON-
DISSEMENT. — LES EXPOSITIONS UNIVERSELLES DE
PARIS. — LA COMPAGNIE DES GLACES DE SAINT-GOBAIN.

Nous avons montré dans Cochin l'écrivain et
l'orateur. Examinons maintenant en lui l'homme
d'action. Ses actes sont assurément le plus beau
de ses titres à la reconnaissance publique. Pour
cette âme d'élite, écrire et parler, c'était peu ;
l'essentiel était d'agir. « Agir, suivant ses pro-
« pres expressions, est encore plus grand. »
Sous l'empire des préoccupations que lui donnait
parfois l'état de sa santé usée par le travail, il
eut été bien excusable de penser au repos ; mais
cet intrépide soldat du devoir ne reculait devant

aucun sacrifice. Etudions ce côté si saillant de sa physionomie.

On ne l'a pas oublié : Cochin avait à peine franchi le seuil du Lycée, qu'il organisait dans son quartier une conférence de Saint-Vincent de Paul pour les pauvres, une société de secours mutuels pour les ouvriers, un patronage pour les jeunes apprentis.

Devenu Maire de son arrondissement, il veille à tous les besoins, il vient au secours de toutes les infortunes. C'est ainsi qu'on le voit multiplier les écoles, créer une maison de refuge pour les jeunes incurables, une maison de convalescence pour les malades, un asile pour les vieillards.

Son zèle est infatigable, et ne connaît aucun obstacle. Son esprit est constamment en éveil pour découvrir les moyens les plus ingénieux de soulager toutes les misères. Rien ne peut donner une idée de la prodigieuse activité qui le portait à aller lui-même au-devant de la souffrance. Parmi cent faits que je pourrais citer, je me bornerai à en indiquer deux qui feront voir jusqu'où il poussait l'amour, disons mieux, la passion de la charité. Un jour il se demande pourquoi les enfants pauvres ne prendraient pas, comme les riches, des bains de mer, qui dans certains cas sont souvent si efficaces ; et aussitôt il se met en mesure de leur procurer ce bienfait. Une autre fois, venu à Cannes avec sa femme et ses enfants, il a goûté les douceurs de ce climat célèbre où semble régner un printemps éternel ; il a eu la joie de voir les siens renaître sous le beau ciel du midi. Sa pensée généreuse se reporte alors sur tant de jeunes indigents que la phthisie consume dans nos grandes cités, et il n'a de repos que lorsqu'il a jeté les bases d'un projet d'hôpital, où ces petits malades pourront retrouver la santé.

Les Expositions de Paris de 1855 et de 1867 devaient attirer l'attention de Cochin. Commissaire général à celle de 1855, il y rendit des services si importants, que l'Empereur lui décerna la croix de la Légion d'honneur.

Les Expositions universelles sont une des nouveautés de notre époque. Si l'on considère la merveilleuse rapidité des communications, la nécessité d'encourager les progrès de l'industrie et de maintenir une noble émulation entre les producteurs de tous les pays, on peut soutenir que ces grandes exhibitions répondent à un besoin réel. Trop multipliées, placées en des temps inopportuns, elles ne laissent plus apercevoir qu'un besoin purement factice. Quelle idée Cochin se faisait-il de ces fêtes industrielles ? Quelles pensées y apportait-il ? Comment comprenait-il la haute mission dont le Gouvernement l'avait chargé ? Ici encore nous allons reconnaître l'économiste chrétien.

Tandis que pour plus d'un industriel une Exposition est affaire d'ostentation et de réclame, que pour beaucoup de visiteurs c'est uniquement l'occasion d'une partie de plaisir, aux yeux de Cochin, ouvrir une Exposition, *c'est faire une bonne œuvre; c'est, au nom de la charité, forcer les portes de l'industrie.* Laissant donc de côté les objets de luxe, qui ne sont souvent, comme il le dit très bien, que de *magnifiques et dangereuses inutilités,* il concentre son intérêt sur les objets nécessaires et utiles, et il s'attache à classer avec soin toutes les choses dont les petits ménages ont besoin, tout ce qui sert à la nourriture, au vêtement, à l'ameublement de l'ouvrier. Il demande et obtient la création d'une galerie d'économie domestique, dont il nous explique ainsi la destination dans son rapport :

« Désormais aucune Exposition universelle ne doit avoir lieu, sans qu'un large espace soit réservé à l'exhibition spéciale des objets utiles au bien-être physique ou au développement intellectuel des classes les plus nombreuses de la société. L'examen entrera dans les travaux du Jury ; le prix et l'indication des dépôts seront publiés. On ne pourra plus dire que ces magnifiques et louables efforts encouragent seulement le luxe, et sont destinés à réunir tous les moyens inventés par l'homme pour travailler de moins en moins et jouir de plus en plus. »

Nulle part l'action bienfaisante de Cochin ne s'est fait plus vivement sentir que dans l'administration de la compagnie des glaces de Saint-Gobain et de la compagnie du chemin de fer d'Orléans.

La compagnie des glaces de Saint-Gobain et de Chauny, qui honore tant l'industrie française, remonte à plus de deux siècles. Cochin entra en 1862 dans son conseil d'administration. Il a peint quelque part, en véritable artiste, tous les travaux qu'exige la fabrication des glaces. Il nous transporte dans l'usine, et l'on croit entendre, en le lisant, le grincement des scies, le cri perçant de la vapeur, la voix puissante des marteaux ! Puis, comme le chrétien se retrouve toujours, il s'écrie, en achevant ce tableau : « Il y a, au milieu de ces cheminées, des Sœurs fabriquant des âmes ! »

Cochin a fait à Saint-Gobain ce qu'il a fait partout. Il s'est occupé de la situation morale et matérielle des travailleurs, et il s'est efforcé de l'améliorer. Se mettre à la disposition des ouvriers, ne jamais refuser un renseignement ou un conseil, quand il pouvait les donner, telle était sa règle de conduite. L'acte le plus important par lequel il a signalé son passage dans cette compagnie, c'est la création de la société coopérative de Chauny. Arrêtons-nous un instant sur cette œuvre, et tâchons d'en préciser le caractère.

Depuis quelques années l'attention s'est portée sur les sociétés coopératives. Elles se sont développées en Allemagne, en Angleterre et

dans notre pays, où elles ont fait l'objet d'une loi
en 1867. Au fond, elles sont l'expression du besoin d'association qui règne à notre époque, et
elles paraissent répondre aux aspirations de la
classe ouvrière. L'idée de grouper les épargnes
des travailleurs, de réunir leurs efforts pour lutter contre les capitaux de la bourgeoisie, de créer
au négoce, tel qu'il a été organisé jusqu'ici, une
concurrence d'un genre nouveau, a séduit beaucoup d'esprits. Les congrès ouvriers l'ont accueil-
lie avec enthousiasme. On a été jusqu'à dire que
le mouvement coopératif était une véritable révolution sociale, qui devait changer le sort du
plus grand nombre.

Cochin n'a jamais partagé ces illusions. Sans
doute le principe d'association lui paraît bon en
lui-même ; mais il pense que, loin d'en généraliser
l'application, il faut la restreindre à certains cas
particuliers et agir avec une extrême prudence.

Des trois formes sous lesquelles on a cherché
à constituer la coopération, savoir : les sociétés de
production, les banques de crédit, les sociétés de
consommation, il repousse les deux premières
comme de véritables utopies, dues aux rêveurs de

1848, comme dissimulant mal une grande héré-
sie économique : la guerre au capital.

Il jugea, au contraire, qu'on pourrait faire l'es-
sai d'une société coopérative de consommation
entre les ouvriers de Saint-Gobain et de Chauny.
Cette entreprise a réussi ; mais, il faut bien le remarquer, ce succès est dû aux excellentes pré-
cautions prises par le fondateur, qui eut soin de
rédiger lui-même les statuts de l'association. Chaque ouvrier devient membre de la société, moyennant un versement préalable de vingt-cinq francs.
On lui remet un livret, sur lequel on écrit la
somme qui lui sera due à la fin du mois par la
compagnie. Le montant des fournitures qui lui
sont faites ne doit jamais dépasser cette somme.
Il paye donc comptant, au moyen d'une retenue
opérée sur son salaire, et il profite du bon marché
auquel la société peut lui livrer des marchandises
qu'elle a achetées en gros.

En homme sage et pratique, Cochin a su préserver l'association du souffle égalitaire qui a
causé la ruine de tant d'autres sociétés du même
genre. Il a prescrit notamment qu'avant de dé-
terminer le prix de vente des marchandises, on

prélevât non seulement les frais généraux, mais encore l'intérêt à 6 % des apports, et la somme nécessaire pour constituer un fonds de réserve. Surtout il n'a pas eu la naïveté de croire qu'on pourrait avoir un bon gérant, si ses fonctions étaient purement gratuites, comme on l'a pensé ailleurs, en payant cher cette ignorance profonde de la nature humaine. Il a voulu que le gérant eût un traitement convenable, et une part dans les bénéfices. A ces conditions, il a fait une œuvre sérieuse, et rendu un service réel aux ouvriers de la compagnie.

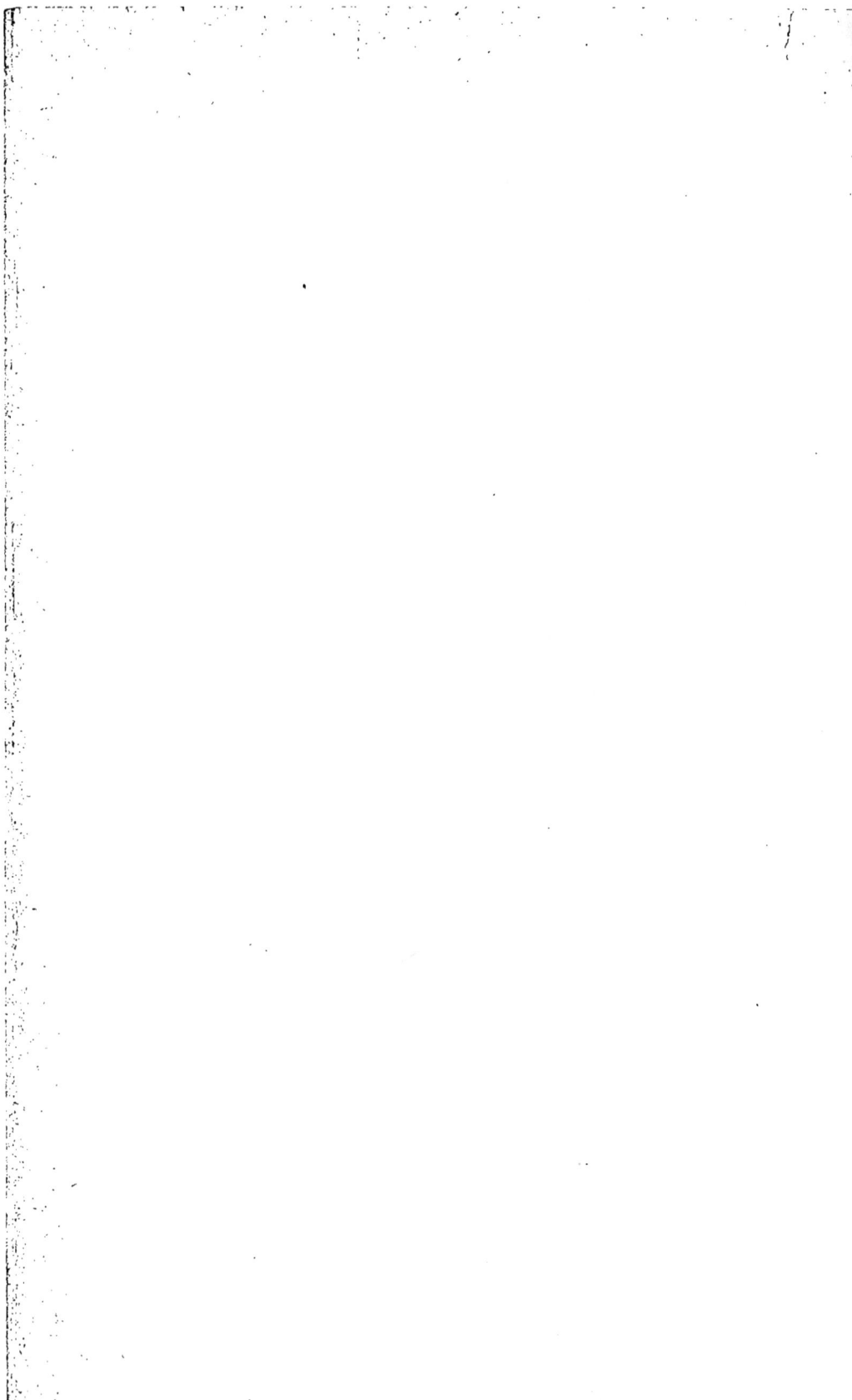

CHAPITRE VII

ŒUVRES DE COCHIN (SUITE). — LA COMPAGNIE DU CHEMIN
DE FER D'ORLÉANS. — LES CERCLES CATHOLIQUES
D'OUVRIERS.

Administrateur de la compagnie du chemin de
fer d'Orléans, Cochin a fait adopter plusieurs
mesures qui ont rendu son nom populaire parmi
les agents de cette grande entreprise (1).

Il est des administrateurs qui ne voient dans
leur mandat qu'un moyen de recevoir des jetons
de présence ; il en est d'autres qui n'ont qu'un
idéal : l'augmentation des dividendes. Cochin ne

(1) Il a publié en 1866 une notice sur l'organisation
des divers établissements créés en leur faveur. (Paris,
Paul Dupont, éditeur.)

comprenait pas ainsi les fonctions qui lui avaient été confiées. Il considérait comme un devoir de s'occuper du dernier des employés, de veiller à ses intérêts, de chercher à améliorer sa position. « Ah! écrivait-il un jour à M. de Broglie, si nous pouvions modestement moraliser et rendre plus heureux ces gens, dont la vie se dépense à nous faire des recettes, quelle part réservée ce serait dans les bénéfices que le monde ne compte pas! »

Les besoins moraux appellent d'abord son attention. Il organise des cours du soir pour les ouvriers et les apprentis ; il crée des conférences, d'où la déclamation est sévèrement bannie, et où l'on ne doit parler que des travaux professionnels. Dans son zèle et sa sollicitude, il n'oublie pas les filles des ouvriers. Des classes spéciales sont établies pour elles. Après avoir acquis une instruction élémentaire, elles entrent dans un ouvroir dirigé par des sœurs de Saint-Vincent-de-Paul, où elles reçoivent de bons principes et apprennent un état. Le fondateur n'avait aucun goût pour l'ouvroir laïque, ce complément obligatoire de l'asile et de l'école laïques aux yeux des radicaux, qui, en proscrivant les congréga-

tions religieuses, font preuve d'un si intelligent
libéralisme. Il se connaissait en dévouement. Il
savait qu'il fallait le demander; non à ceux qui
le font payer, mais à ceux qui, détachés des biens
de la terre, cherchent plus haut leur récompense.

Cochin s'est aussi efforcé d'assurer le repos
du dimanche aux agents de la compagnie. A cet
égard, il a provoqué toutes les mesures compa-
tibles avec l'organisation des chemins de fer en
France, et il n'a pas dépendu de lui que chaque
employé n'ait retrouvé son dimanche. En agissant ainsi, il suivait les plus sages inspirations.
Quelques mots suffiront pour le prouver. Ils sont
d'autant plus nécessaires, qu'il y a aujourd'hui
comme un mot d'ordre de travailler le dimanche,
et que les pouvoirs publics, par l'abrogation ré-
cente de la loi de 1814, viennent, ici encore, de
donner le plus mauvais exemple.

Rien n'est plus conforme au plan divin que le
repos du dimanche. On ne peut nier sa céleste
origine, puisque les livres saints nous apprennent que Dieu, qui nous a faits à son image, s'est
reposé le septième jour de la création. Et voilà
pourquoi l'Eglise nous prescrit ce repos dans l'un

de ses commandements. Mais enfreindre un devoir si formel, ce n'est pas seulement violer la
loi religieuse, c'est ravir à l'ouvrier un bien inestimable que la fortune ne donne pas ; c'est tarir
la source de ses meilleures affections ; c'est frap-
per la famille au cœur. Considérez cette foule
d'artisans et d'employés qui remplissent nos manufactures, nos ateliers, nos usines. Les premières
lueurs du jour les appellent au travail. La plupart ne rentrent qu'à la nuit au foyer domestique. Epuisés de fatigue, à peine peuvent-ils donner un regard à leur femme et à leurs enfants. Ils
ont hâte de demander au sommeil les forces nécessaires pour le labeur du lendemain. Que de-
viendra la famille, si l'ouvrier, courbé sous l'i-
nexorable loi du travail pendant six jours, ne
peut pas, le septième, reprendre à son foyer cette
place que Dieu lui a donnée, dont son cœur a
besoin, d'autant plus précieuse pour lui qu'il en
jouit si peu? Le dimanche ramène à la maison
paternelle ceux que le travail en a momentané-
ment éloignés. Ce jour-là tous les enfants, grands
et petits, se serrent autour du père et de la mère,
pour en recevoir de bons conseils et de salutaires

exemples. Hier ils étaient dispersés ; aujourd'hui le même toit les abrite, et l'on a dans le même temple, au pied du même autel, cet admirable spectacle de l'aïeul et du petit enfant priant ensemble, et implorant Celui qui seul donne la force de supporter les rudes épreuves de la vie.

Le dimanche, c'est donc surtout le jour des ouvriers ; et je ne sache pas d'œuvre plus impie que de le leur enlever.

J'insiste, car je touche à une plaie profonde. Les ennemis du repos du dimanche foulent aux pieds les droits de Dieu, les droits de l'être moral et intelligent, les droits de la famille ; ils font aussi violence à notre nature physique, et ils méconnaissent une des vérités les mieux établies de la science économique. L'homme a besoin de se reposer. Pas plus qu'un autre il ne peut sans danger se soustraire à la loi du repos, l'une de celles qui gouvernent le monde. Jetez les yeux autour de vous, et voyez si tous les êtres ne se conforment pas à cette règle de la sagesse éternelle, depuis le plus humble insecte jusqu'au roi des animaux, depuis l'herbe des champs dont la tige s'endort au souffle glacé de l'hiver, jusqu'au géant

des forêts, dont la séve doit rester longtemps
inactive, pour retrouver le mouvement et la vie
aux premières brises du printemps. Les machines elles-mêmes n'échappent pas à cette loi sou-
veraine. Si promptes qu'elles soient à nous obéir,
elles seraient plus promptes encore à nous résis-
ter, si nous tentions de leur imposer un travail
excessif. Chose étrange! Seul l'homme s'élève
ici contre la volonté du Créateur; il s'insurge
contre le plan divin, au risque de tomber au-
dessous de la brute. Mais on ne viole pas impu-
nément les lois de la Providence. Le repos du
dimanche supprimé, l'individu souffre, la famille
disparaît, la société ressent un grand trouble, et
le désordre éclate de toutes parts.

Tout en s'occupant de la vie morale et intel-
lectuelle des nombreux agents de la compagnie,
Cochin ne négligeait rien de ce qui pouvait améliorer leur situation matérielle.

En 1865, il fonda pour eux une société de secours mutuels, dont il est resté le président jusqu'à sa mort. On voulut le nommer président à
vie; il refusa. « Eh bien! vous avez raison, lui dit
un des associés. Cela augmentera votre autorité,

et nous aurons au moins le plaisir de vous élire
tous les ans. » Comme à Saint-Gobain, il rédi-
gea les statuts de l'association, en s'aidant des
conseils de l'un des employés supérieurs de la
compagnie, M. Potelet. On jugera par quelques
chiffres de la prospérité de son œuvre. Au mois
de janvier 1865, date de sa fondation, la société
se composait de 800 membres. Elle en comptait
3,000 à la fin de 1868, possédait un capital de
581,524 francs, payait une pension de 200 francs
à 126 ouvriers, et accordait un secours de 100
francs aux veuves et aux orphelins de ses anciens
sociétaires. A la fin de 1872, année de la mort
de Cochin, la société avait plus de 5,000 membres, et plus d'un million de capital ; elle distri-
buait à 200 pensionnaires une rente annuelle de
265 francs, et aux veuves et aux orphelins un
secours de 132 fr. 50 par personne.

De concert avec M. Polonceau, ingénieur de
la compagnie, Cochin établit un réfectoire économique, où pour la modique somme de 60 à 75
centimes, les ouvriers trouvent un repas sain et
suffisant. Mais, dussions-nous contrister encore
les partisans fanatiques de la laïcité universelle,

nous dirons qu'en homme prudent et avisé, le fondateur a voulu qu'au réfectoire, comme à l'ouvroir, la direction appartînt aux Sœurs de Saint-Vincent-de-Paul. Par leur empressement à s'y rendre, les ouvriers lui ont donné raison. Cochin, qui, aux idées les plus élevées, les plus généreuses, joignait les vues les plus pratiques, choisit pour supérieure, sur l'indication du P. Etienne, une religieuse, fille d'un restaurateur de Paris, par conséquent mieux au courant qu'une autre du travail de la cuisine.

Un ordre parfait règne dans ce vaste réfectoire, qui compte souvent plus de 800 convives. La règle y est sévère, et personne ne songe à s'en écarter. C'est ainsi, par exemple, qu'on ne sert à chacun qu'une mesure de vin, et qu'il n'est permis de parler qu'à voix basse. On dirait presque la discipline d'un couvent. A l'époque de la Commune, les insurgés qui s'étaient glissés dans le réfectoire ont dû se conformer à la règle, pour ne pas être chassés par les pensionnaires de la maison. Au milieu de ces nombreuses tables passent les bonnes religieuses, attentives aux besoins de tous, objet du respect ou plutôt de la vénération de ceux qu'elles servent. Cochin a eu une grande idée : il a pensé que la religion a plus facilement accès dans les âmes, quand elles lui sont ouvertes par la charité.

L'établissement réussit à merveille. Seuls les cabaretiers de l'endroit furent mécontents, et ne craignirent pas de faire un procès à la compagnie du chemin de fer. Cochin l'eût plaidé mieux que personne, car il était un maître dans l'art de bien dire. Il préféra confier la cause à Berryer. Le jour où l'illustre avocat vint mettre sa parole incomparable au service d'une grande œuvre de bienfaisance, ne sera point oublié dans les annales du Barreau de Paris. Berryer et Cochin personnifiaient ce qui émeut le plus profondément les hommes ; l'éloquence et la charité apparaissaient en quelque sorte devant la justice en se donnant la main. Le triomphe fut complet, et le cabaretier d'Ivry dut s'avouer vaincu par une Sœur de charité.

Enfin on a joint au réfectoire économique un magasin d'habillements, placé dans des conditions d'administration identiques. Les ouvriers de la compagnie peuvent ainsi, sans déplacement, se nourrir et se vêtir à bon marché.

Je ne terminerai pas l'examen des œuvres de Cochin, sans parler des cercles catholiques d'ouvriers. Ceux qui voient dans cette création toute nouvelle un véritable bienfait pour la classe ouvrière, doivent garder à Cochin la meilleure part de leur reconnaissance. Il a présidé en effet à l'organisation du cercle du boulevard Montparnasse, qui a servi de modèle à tous les autres.

C'est une sage pensée de donner aux travailleurs des lieux de réunion, où ils puissent respirer une pure et vivifiante atmosphère. J'ai parlé plus haut des dangers qu'entraîne nécessairement le régime de la liberté du travail. En général, l'ouvrier y échappe pendant le temps qu'il consacre à apprendre un métier. Si le chef d'atelier est chrétien, s'il remplit son devoir, il veille avec une constante sollicitude sur l'enfant qu'on lui a confié, et celui-ci trouve dans son patron un second père. Mais, l'apprentissage terminé, le jeune ouvrier est libre, indépendant, livré à lui-même. S'il n'a pas de famille, ou si sa famille n'a pu le suivre au lieu où il exerce sa profession, que deviendra-t-il? Comment résistera-t-il aux perfides conseils, aux mauvais exemples? N'est-il pas à craindre qu'il tombe dans le désordre, et que le cabaret le compte au nombre de ses victimes (1) ?

Le cercle est un abri et une sauvegarde. Il s'ouvre le soir au jeune ouvrier, courbé pendant la journée sous le poids du travail, et il lui offre un heureux emploi des loisirs souvent périlleux du dimanche. Là succèdent pour lui, au rude labeur du jour, des distractions utiles et d'honnêtes délassements ; là, enfin, il est sûr de trouver une direction éclairée, de bons conseils, des amitiés fidèles et désintéressées. Le fondateur du cercle Montparnasse l'a dit avec raison : « Trois ou quatre années se passent ainsi. Puis, à l'aide de ses épargnes, le jeune associé crée ou achète un établissement, ou bien il se marie en restant ou-

(1) Au moment même où j'écris, le cabaret obtient une réhabilitation, je devrais dire une glorification inattendue, de la bouche d'un orateur dont la parole a, pour des raisons que chacun sait, le privilége d'attirer l'attention publique. Il est vrai que son discours a été prononcé dans une assemblée de marchands de vin, et que nous sommes à la veille des élections générales. On peut donc le prendre, comme celui dont les commis-voyageurs ont été récemment honorés, pour une réclame électorale.

vrier. En tous cas il est sauvé, car il est irrévo-
cablement gagné à la vie saine et fortifiante du
travail et de la famille. »

Quand on considère toutes les œuvres de
Cochin, quand on voit toutes les preuves de dévouement qu'il a données aux classes laborieuses,
on se demande si cette âme généreuse n'a semé
que pour le ciel. Se pourrait-il qu'ici-bas la reconnaissance publique n'ait pas été déjà comme
une abondante moisson pour elle ? Convenons-
en : si Cochin n'avait rencontré que des ingrats,
il faudrait désespérer de l'humanité. Heureusement il n'en est rien. Qu'un certain nombre d'ouvriers aient mal compris leur devoir et aussi leur
intérêt, en lui refusant leur voix au jour des élections, ce n'est là qu'un égarement passager, trop
explicable par l'espèce de servitude dans laquelle
les jette le mot d'ordre des sociétés secrètes. Af-
franchis de cette occulte tyrannie, libres, rendus
à eux-mêmes, j'affirme qu'ils l'auraient acclamé
d'une voix unanime.

L'ingratitude, en effet, pèse au cœur de l'homme, et l'ouvrier n'en supporte pas plus facilement qu'un autre le lourd fardeau. Soyez bon

pour lui, serrez la rude mais loyale main qu'il vous tend, asseyez-vous à son foyer quand l'affliction le visite, et vous verrez s'il n'éprouve pas l'impérieux besoin de vous témoigner sa reconnaissance. Rappelons-nous ces paroles touchantes d'un ouvrier de Paris : « Allez, Monsieur, nous ne sommes pas tout ce qu'on croit. Lorsque quelqu'un s'occupe de nous, comme monsieur Cochin, eh bien ! nous l'aimons et nous lui sommes reconnaissants. »

On en eut la preuve pendant les sombres jours de la Commune. Cochin fut désigné comme otage par les hommes qui livrèrent alors Paris au meurtre et à l'incendie. Otage illustre assurément, et bien digne de mêler son sang au sang de ces martyrs, dont nous ne pouvons prononcer les noms sans tressaillir d'une émotion respectueuse. Un ouvrier, auquel il avait rendu un important service, avait embrassé avec ardeur la cause de l'insurrection. Ses opinions avancées lui donnaient accès dans le comité souverain qui siégeait à l'hôtel de ville. Tout à coup, il apprend que son bienfaiteur est décrété d'accusation. Aussitôt il l'avertit, et le conjure de se soustraire à la mort qui le menace. Cochin refuse ; car il croit que le devoir le retient là où il y a du danger. Mais son sauveur trouve un moyen ingénieux de vaincre sa résistance, en lui persuadant que, s'il reste à Paris, il expose ses fils à être enrôlés de vive force dans l'armée de l'émeute. L'ouvrier n'a de repos que lorsque son protégé a quitté la capitale (1).

(1) Après avoir trouvé un abri pour sa femme et ses enfants, Cochin voulut rentrer seul à Paris. On eut beaucoup de peine à le faire renoncer à cette courageuse détermination ; il fallut lui prouver par des renseignements précis qu'il allait au-devant d'une mort certaine, et qu'il sacrifiait sa vie en pure perte.

CHAPITRE VIII

PATRIOTISME DE COCHIN. — LE CHOLÉRA. — LA GUERRE
CIVILE. — L'INVASION ALLEMANDE.

Il ne nous reste plus à étudier dans Cochin que
le Français, le serviteur de son pays. A ce point
de vue, il n'est pas moins digne d'admiration. J'ai
dit que, s'inspirant des traditions de sa famille,
fidèle à la devise si bien justifiée de ses ancêtres :
requiescite, vigilo, reposez-vous, je veille, il remplit successivement les fonctions gratuites d'adjoint et de maire au 10ᵉ arrondissement de la capitale. Le souvenir des services qu'il rendit alors
ne s'est point effacé. Il possédait à un haut degré
toutes les aptitudes qui font l'administrateur

7

éminent. Ardeur incessante au travail, connaissance approfondie des affaires, jugement rapide
et sûr, fermeté tempérée par une exquise bien-
veillance, disons mieux, par une bonté inalté-
rable, Cochin montre toutes ces qualités dans
l'exercice des fonctions qui lui furent confiées.

On a dit de lui qu'il a été l'un des hommes
les plus aimés de son temps. Ce mot le peint à
merveille. Mais comment n'aurait-il pas été aimé
de ses administrés, qu'il aimait tant lui-même
et qu'il appelait sa famille municipale ? Aucun
d'eux n'a oublié qu'au moment où le choléra fit
de si grands ravages dans le 10ᵉ arrondissement,
ce fut le maire qui déploya le plus de zèle pour
combattre le terrible fléau.

Un fléau non moins redoutable, qui ne sévit
que trop souvent dans notre malheureux pays,
c'est la guerre civile. Pendant les affreuses jour-
nées de juin 1848, Cochin, qui n'avait alors que
vingt-cinq ans, fit modestement mais bravement
son devoir dans les rangs de la garde nationale.
Sa compagnie soutint le feu des insurgés au
faubourg Saint-Antoine, et l'un de ses amis, fils
unique âgé de vingt-deux ans, fut tué à ses côtés.

On le retrouve au poste du devoir pendant nos derniers désastres. Il en avait eu le pressentiment. Sans doute Cochin aimait Paris autant que qui que ce fût. Il était, ainsi que tous ses ancêtres, Parisien de naissance et de cœur, Parisien *endurci,* comme il l'a dit lui-même. Pour nous, quand nous considérons le mal que Paris a fait à la France, quand nous nous rappelons combien de fois il a, sans droit et sans excuse, brisé la chaîne des traditions nationales, et imposé au pays ses volontés ou plutôt ses caprices, nous sommes tentés de reprocher à Cochin sa trop vive sympathie pour la capitale. Mais nous devons tenir compte des motifs qui l'inspiraient. La concentration séculaire dans le même foyer des lumières, des richesses, des grandeurs de la France, plaisait à son noble esprit, et entretenait en lui un sentiment de fierté qui s'alliait avec un profond patriotisme. Et puis, nous ne saurions l'oublier, Cochin ne pouvait faire un pas dans Paris, sans y trouver les traces glorieuses de ses aïeux et les monuments vénérés de leurs bienfaits.

Au surplus, tant de légitimes attraits ne l'aveuglaient pas au point qu'il ne pût apercevoir les trop réels progrès du mal dans cette immense capitale. La prédominance de la vie de plaisir, les débordements du luxe, le flot toujours montant de l'immoralité, étaient pour lui un juste sujet d'effroi. Il entrevoyait le châtiment de tous ces excès dans un avenir rapproché. Sa correspondance à cet égard est vraiment prophétique. Dès 1867, à l'occasion des récompenses de l'Exposition universelle, il écrit à Montalembert : « La fête d'hier est comme un festin de Balthazar, avec une main qui écrit sur la muraille des caractères sanglants... L'année 1867 sera l'année des fêtes, mais troublée par des signes qui annoncent l'année des combats. »

La déclaration de guerre jette son âme dans la plus vive anxiété ; il prévoit des catastrophes. Mais n'attendez pas de lui la moindre défaillance. Jamais, au contraire, il ne déploiera plus de vigueur et d'énergie. « Il faut pour le moment, « écrit-il à l'Evêque d'Orléans, éviter les leçons, « pousser au courage et à la fierté nationale. « Hélas ! je crains bien que notre châtiment « n'aille jusqu'au bout, et que Paris n'en re- « çoive la large part qu'il mérite. Mais les gé- « missements énervent ; il faut agir. »

Il agira en effet, et il agira avec tant de résolution que, si la France eût pu être sauvée, elle
l'eût été par des défenseurs tels que lui. La nouvelle du désastre de Reichshoffen le surprend à
la campagne. Les Prussiens marchent sur Paris.
Pour plus d'un sceptique, c'est le moment de
quitter la capitale ; pour Cochin, c'est le moment d'y rentrer. Pendant qu'un grand nombre
de familles, affolées de terreur, se précipitent dans
les derniers trains qui peuvent partir de Paris,
Cochin s'empresse d'y ramener sa femme et ses
enfants.

Qui conduisait au-devant du danger ce chrétien, ce catholique, ce clérical, comme le disent
d'un air dédaigneux les esprits forts de notre
temps ? Pourquoi priver ceux qui lui étaient le
plus chers d'une sécurité assurée, que tant de
personnes enviaient alors ? Pourquoi, sans contrainte, sans nécessité, les exposer à tous les
hasards de la guerre ? La question a son importance ; il faut la poser nettement, et prier
les libres-penseurs d'y répondre. Mais quoi ? La
réponse n'est-elle pas dans toutes les bouches?
Est-ce que la conscience universelle ne dit pas :

Cochin était un croyant, il avait la foi, il n'é-
coutait que le devoir, et il a suffi que sa voix
austère se fît entendre pour qu'il obéît ?

Il avait trois fils. L'aîné n'était âgé que de dix-
huit ans, et par conséquent n'était pas appelé
sous les drapeaux. Mais chez les Cochin le patriotisme est héréditaire. Le jeune Denys demanda
donc à son père la permission de s'engager. C'é-
tait aussi un clérical, pour employer le mot du
jour, et de bonne heure il avait pris l'habitude
d'affirmer publiquement ses croyances. Riche,
jeune, plein d'avenir, il a le courage de s'arracher à sa famille, de renoncer à tous les biens
dont la Providence l'a comblé. La France est à
deux doigts de sa perte. C'est sur le champ de
bataille qu'il veut la défendre, pendant que d'autres, mieux avisés, sachant s'élever au-dessus
des préjugés religieux, voleront à son secours
dans les parquets et les sous-préfectures.

On comprend dans quelle pénible angoisse
l'héroïque résolution du fils avait jeté le père.
Placé entre deux mobiles également puissants
et respectables, le sentiment paternel et l'amour
de la patrie, il hésitait. Mais le devoir l'emporta.

Il se résigna au douloureux sacrifice, et donna son autorisation au jeune volontaire. De Vienne en Dauphiné, où il l'avait accompagné au régiment, il écrit ces lignes qu'on ne peut lire sans émotion : « Vous me connaissez assez pour deviner que ce voyage est pour moi un calvaire, et que le cœur me manque, en prenant la responsabilité de risquer mon enfant ; mais le pauvre pays de France est en feu ; c'est le moment de renfermer ses larmes, et de donner tout. »

C'est ainsi que la religion est le meilleur auxiliaire du patriotisme. Au jour du danger, elle ne se contente pas d'élever un instant les cœurs, *sursum corda;* elle les maintient sans défaillance à cette hauteur sereine jusqu'à la fin de l'épreuve ; car elle ne cesse de montrer aux regards des croyants, en échange des biens périssables de cette vie, les éternelles récompenses qui attendent les élus.

Rentré dans Paris, avec sa femme et ses deux autres fils, Cochin s'efforce de donner d'utiles conseils au gouvernement, et d'imprimer une sage direction à l'esprit public. Le journal *le Français, la Revue des Deux-Mondes,* qui n'ont pas cessé leur publication, s'empressent de lui ouvrir leurs colonnes; et il y parle un noble et viril langage. Il veut qu'on organise la défense sans relâche.

« Si nous ne résistions pas, dit-il, nous serions à jamais déshonorés et dégradés... Que le gouvernement fasse des soldats et non pas des préfets, des cartouches et non pas des décrets! Il faut que la défense passe avant la République; il faut que l'ennemi trouve aux remparts une nation et non un parti. »

« Nous, Parisiens, écrit-il dans *le Français* du 27 août 1870, nous n'avons plus de politique à faire ; nous n'avons qu'à défendre nos maisons et nos familles, et à prendre avec les habitudes du soldat l'esprit du soldat qui parle peu, agit sans murmurer et obéit sans discuter, consolé dans ses souffrances en regardant le drapeau. »

Les actes répondent aux paroles. Pendant que le fils aîné marche à l'ennemi dans l'armée de Bourbaki, le second, à peine âgé de seize ans, suit son père dans les rangs de la garde nationale. Leur âge les dispensait l'un et l'autre de ce ser-

vice pénible qui n'a pas été sans danger. Cochin
ne voulut pas profiter d'une excuse légale. Là,
sur les remparts, dans les redoutes, la nuit comme
le jour, par un froid excessif, ce soldat improvisé,
d'une santé frêle et délicate, a payé de sa personne comme le plus robuste ouvrier.

Mme Cochin lutte avec lui de dévouement.
Elle soigne les blessés dans les ambulances, pendant que ses fils et son mari sont sous les armes.
Aussi celui-ci écrit-il à son beau-père : « Si la
2me compagnie du 17me bataillon, qui doit garder
le rempart de Vanves à la Seine, s'illustre, ce que
je ne suppose pas, c'est à ce numéro que vous
nous reconnaîtrez. Votre fille est à l'ambulance,
Denys au régiment, toute la famille est à son
devoir. »

Au milieu des sombres préoccupations qui
l'obsèdent, Cochin reporte souvent sa pensée sur
son cher fils, et il écrit au jeune volontaire des
lettres admirables, qui respirent tour à tour la
plus exquise tendresse et le plus mâle patriotisme. Elles mériteraient d'être entièrement ci-
tées. En voici quelques extraits :

« Cher Denys, ta mère va bien. Tu nous manques beaucoup ; mais tu es bien, puisque tu es au devoir volontairement accepté. Compte que nous ferons le nôtre sans broncher.

« Sois rassuré sur nos courages et nos santés. Nous montons la garde ; nous faisons l'exercice, Henry, François de Broglie et moi ; ta mère s'occupe des pauvres et de Pierre. Nous voudrions entendre le canon ; il mettrait fin à la discorde. Nous pensons que la province s'organise, et qu'avec son aide nous délivrerons la patrie. Où es-tu ? Ne te plains pas du sort qui nous sépare ; les maux privés se noient dans les maux publics. Ne pensons qu'à la France, et souffrons, agissons, méritons pour elle. Patience et vigueur d'âme. Il faut se raidir devant les événements, et s'incliner devant Dieu. »

Il lui écrit le 1er janvier 1871 :

« Mes bras se tendent vers toi ; mon cœur te cherche, et ce jour est bien cruel sans toi. J'étouffe mes larmes, car nous devons être soumis et forts. Dieu le veut, et le pays en a besoin. Je veux croire fermement que tu es préservé, et que ton courage ne faiblit pas. Notre vie entière, tout l'avenir est changé par le cataclysme auquel nous

assistons. Il faut regarder en face ce chemin san-
glant qui s'ouvre devant nos pas et marcher. Si
Dieu te garde, tu reviendras mûri de dix ans,
glorieux et prêt au combat de la vie. J'ai encore mon énergie, et nous travaillerons à relever notre fortune qui va être bien ébréchée,
notre famille, mais avant tout notre pays, bien
châtié, mais pas humilié, grâce à la bonne conduite de tous. Ici, après cent dix jours de siége,
si les vivres ne nous manquent pas, nous tien-
drons ferme et longtemps..... Ta mère soigne
trente blessés nuit et jour ; Pierre va au collége,
François à l'Ecole polytechnique. Notre maison
réunit le soir quelques amis ; j'écris, je parle, j'a-
gis tant que je puis pour soutenir dans mon petit
cercle le courage et l'espoir. Si nous t'avions là, si
nous savions où tu es, ah ! nous ne nous plain-
drions pas. Foulons aux pieds cette horrible année 1870, et prions Dieu qu'il nous réunisse
enfin bientôt ! Cher, cher enfant bien-aimé, soigne
ta santé, et maintiens ta belle âme. Ne te laisse
pas abattre, et pense à nous qui t'aimons tant ! »

Appelé à utiliser sa grande capacité adminis-
trative dans le service des ambulances, sur les

champs de bataille, il se fit remarquer par son sang-froid et son courage au Bourget, à Champigny, à Montretout, où le frère Néthelme fut mortellement blessé à côté de lui. Il parle avec enthousiasme de ces glorieux morts, parmi lesquels il en est dont nous gardons religieusement la mémoire.

« J'ai recueilli, dit-il, les souvenirs de plusieurs, dépôts sacrés que je remettrai à leurs familles, entre autres les lettres, l'*Imitation de Jésus-Christ,* les portraits placés sur le cœur d'Adrien Peloux, bâtonnier des avocats de Valence, capitaine de la garde mobile de la Drôme. Je le nomme entre tant d'autres, pour saluer en sa personne le citoyen devenu soldat, la province défendant Paris (1).

« Je veux nommer aussi mon noble, loyal, aimable et brave ami, le marquis de Coriolis, volontaire à soixante-six ans, infatigable, patient,

(1) Lé Barreau de Lyon s'est montré digne de celui de Valence, comme on peut le voir dans la notice que j'ai consacrée au jeune Sauzet, engagé volontaire, tué le 30 novembre 1870 à la bataille de Champigny. (Lyon, 1871, imprimerie Perrin.)

gai, modeste serviteur du pays, qu'ils ont tué à la Malmaison d'une balle dans le cœur et d'une autre dans la tête, et qui sera, j'en suis sûr, tombé en souriant à Dieu et à la patrie. Souhaitons tous de pareilles morts ! »

Ce souhait patriotique ne s'est pas réalisé. Il n'a pas été donné à Cochin de mourir sur un champ de bataille. Et néanmoins, on va le voir, il est tombé comme un soldat au poste du devoir.

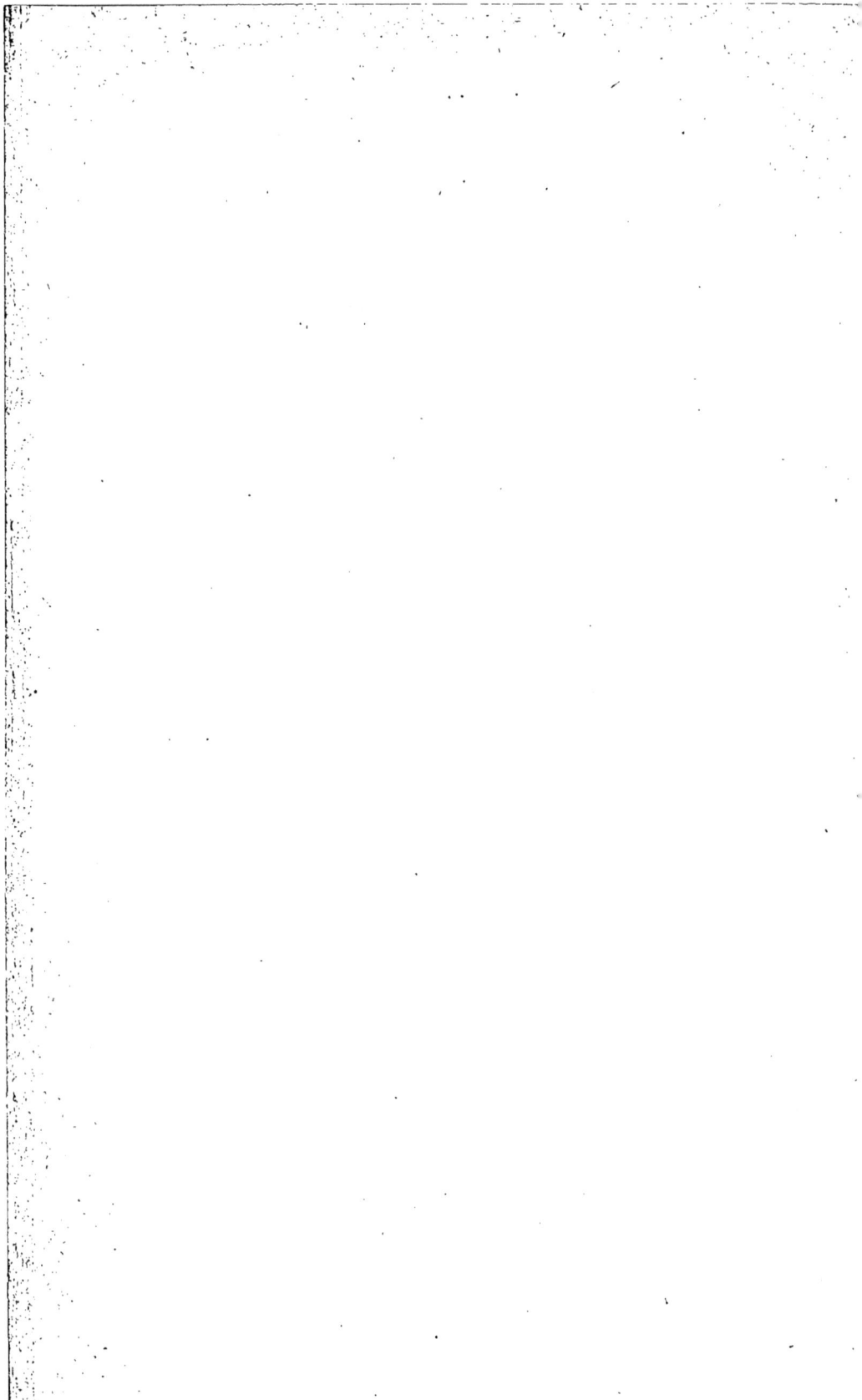

CHAPITRE IX

DERNIERS SERVICES DE COCHIN. — SA MALADIE. — SA
MORT. — SON TESTAMENT. — SES FUNÉRAILLES.

A peine la guerre était-elle finie, que le chef
de l'Etat qui, vingt ans auparavant, avait vu
Cochin à l'œuvre dans la préparation de la loi
sur l'enseignement secondaire, et qui connaissait toute sa valeur, s'empressa de lui demander
son concours pour panser les blessures encore
saignantes du pays. Cinq mois de siège, cinq mois
d'anxiété pour les siens, avaient profondément
ébranlé sa santé. Le repos lui était nécessaire ;
mais il ne crut pas devoir refuser au Président
de la République cette nouvelle preuve de dé-

vouement. Sa haute intelligence, sa science des affaires, son rare talent de parole en auraient fait un ministre de premier ordre. Il voulut bien accepter les fonctions de préfet de Seine-et-Oise ; ce ne fut malheureusement pas pour longtemps.

Il se mit immédiatement au travail, et il déploya une si grande activité qu'il s'attira les reproches de ses amis. On tremblait pour sa santé ; on redoutait une catastrophe. Mais à ceux qui lui conseillaient de reporter sur le lendemain une partie du fardeau de la journée, il répondait simplement : « Les souffrances n'ont pas le temps d'attendre. » Et cependant personne n'avait moins d'illusions que lui sur le rapide déclin de ses forces. Il a jeté sur le papier, et l'on a retrouvé plus tard, ces mots d'une concision sublime, qui nous apprennent comment on peut envisager la mort sans crainte, quand on comprend si bien comment il faut employer la vie : « Avant deux ans je serai mort ; c'est pourquoi j'agirai. » Cochin est tout entier dans ces paroles, dignes de celles qu'il prononçait souvent : « Il ne faut pas se présenter devant Dieu les mains vides. »

Toutefois, lorsqu'il fut obligé de s'aliter, et que la mort lui parut proche, il éprouva un moment quelque peine à se résigner. La pensée du bien qui lui restait à faire l'attachait à la vie. Renoncer aux projets qu'il avait formés pour le relèvement du pays au lendemain de ses désastres, se séparer de ses enfants, qui avaient encore besoin de ses conseils et de son appui, quitter la noble femme qui s'était associée sans réserve à ses travaux, et avait partagé ses joies comme ses tristesses, étaient pour lui autant de sujets de légitime douleur. Mais la Religion, qu'il avait si vaillamment défendue, lui vint en aide. On eût dit que, pour acquitter la dette de sa reconnaissance, elle veillait au chevet de ce serviteur fidèle, ranimant ses forces, soutenant son courage, et versant dans son âme, avide de paix et de lumière, les ineffables consolations dont elle seule a le secret.

Son sacrifice fait, Cochin montra une parfaite sérénité. Pas une plainte, pas un murmure ne s'échappa de sa bouche. « Je meurs, disait-il à l'Evêque d'Orléans, dans la foi de l'Eglise catholique, soumis et croyant, dans la foi du

8

P. Lacordaire, de l'abbé Perreyve, de Montalembert, du P. Gratry, de tous mes amis qui
m'ont précédé et que je vais rejoindre. » L'Evêque s'efforçait de le rassurer, en lui disant que
tout espoir n'était pas perdu, et que de tous côtés
s'élevaient d'ardentes prières pour obtenir sa
guérison. « Ah ! s'écria-t-il, je ne désire vivre
que pour servir Dieu, et mourir que pour le
rencontrer. »

Ses enfants, auxquels il avait enseigné comment un chrétien doit vivre, apprirent aussi de
lui comment il doit mourir. Il les fit venir, ainsi
que ses serviteurs. — « Je veux, dit-il, que vous
me voyiez dans la paix du Seigneur. Je suis heureux... bien heureux. C'est le moment de dire
avec sainte Thérèse : *Seigneur, il est bien temps
de nous voir.* »

A sa digne compagne, qui pendant cette longue maladie ne l'avait pas un instant quitté, et
qui eût donné sa vie pour sauver celle de son
mari, il ne cessait de témoigner sa gratitude. Il
l'appelait l'ange de la mort.

Peu d'instants avant de s'éteindre, on l'en-
tendait dire encore : « Je vais donc enfin retrou-

« ver mes amis, Montalembert, l'abbé Perreyve,
« le P. Gratry. »

Il reçut les sacrements de l'Eglise avec les
marques de la foi la plus vive, et il expira le 15
mars 1872, à neuf heures du soir, en répétant les
paroles du Psalmiste : « *In pace in idipsum dor-
miam et requiescam, quoniam tu, Domine, sin-
gulariter in spe constituisti me*. Je m'endormirai
et je me reposerai dans la paix, parce que c'est
vous, Seigneur, qui m'avez établi dans l'espérance. »

Le testament de Cochin, qui porte la date si-
gnificative du 4 septembre 1870, est le reflet de
sa vie entière. Il révèle sa profonde humilité.

« Je demande, dit-il, pardon à Dieu et aux
hommes de mes fautes dans l'exercice des fonctions que j'ai remplies...

« Je demande pardon à tous ceux que j'ai pu
offenser, particulièrement aux pauvres que j'ai
pu négliger de servir. »

Les recommandations qu'il adresse à ses fils
ne sauraient être trop méditées. Tous les devoirs
de la bourgeoisie sont dans ces quelques lignes :

« Que mes fils se rappellent que leur famille

s'est élevée lentement par le travail, le dévouement, la probité, une religion profonde et pratique ; qu'ils l'imitent et la continuent, cher-
chant avant tout le vrai, faisant le bien, songeant
toujours à leur salut, non à leur fortune ou à leur
ambition. »

Les funérailles de Cochin présentèrent un
émouvant spectacle. Non seulement les membres
de l'Assemblée nationale, les autorités de Versailles, les députations des premiers corps de l'E-
tat et de l'Institut se firent un devoir d'y assister, mais les ouvriers, les pauvres, qu'il avait
comblés de ses bienfaits, s'y rendirent en foule.
L'attitude de tous, les larmes qu'on voyait sur
plus d'un visage, attestaient combien étaient
profonds les regrets causés par la mort prématurée de cet homme de bien. Les regards s'arrê-
taient sur un hommage aussi touchant que spon-
tané de la reconnaissance publique : c'était une
immense couronne garnie d'un crêpe noir, placée
sur le cercueil, avec cette inscription : *Les ouvriers de la compagnie du chemin de fer d'Orléans
à Augustin Cochin, leur bienfaiteur.*

CONCLUSION

Parvenu au terme de cette étude, je crois
devoir en formuler les conclusions. Aussi bien,
on ne peut terminer un plaidoyer sans conclure.
A Dieu ne plaise que j'aie eu un seul instant la
pensée de plaider pour une mémoire, qui s'im-
pose d'elle-même au respect et à l'admiration
de tous. C'est la cause sacrée de ceux qui travaillent et qui souffrent, que j'ai essayé de soutenir, en montrant par un grand exemple ce que
peut, pour le soulagement de la misère, cette foi
chrétienne si vivement attaquée de nos jours.

Les Livres saints nous invitent à louer les

hommes illustres : *Laudemus viros gloriosos* (1).
Tous les peuples ont suivi ce conseil de la divine
Sagesse ; et Tacite remarque que les « anciens
n'ont jamais manqué de nous transmettre les
hauts faits et les habitudes de vie de leurs grands
hommes ; *clarorum virorum facta moresque pos-
teris tradere antiquitùs usitatum* (2). » L'historien
nous en donne la raison : « *Si natura suppeditet,
similitudine decoremus ;* si nous en avons la force,
honorons-les en les imitant (3). » C'est pourquoi , après d'autres écrivains plus autorisés,
mais non plus convaincus, j'ai dit ce qu'a été
Cochin, ce qu'il a fait pour son pays.

Sa vie contient un double enseignement. Je
voudrais, en finissant, le montrer tel qu'il m'apparaît, puissant, lumineux, irrésistible, afin qu'il
restât gravé dans nos souvenirs.

Le premier s'adresse aux ouvriers. A une
époque troublée comme la nôtre, où l'on ne s'entend plus sur les principes les plus simples,
quand le vent de la popularité souffle dans des

(1) Eccli., XLIV, 1.
(2) Agricola, I.
(3) Id., 46.

directions si imprévues, le seul moyen de ramener au vrai tant d'hommes égarés, c'est de mettre
en regard du charlatanisme éhonté des uns les
œuvres de dévouement des autres, et de faire en
quelque sorte toucher du doigt cette sainte chose
qu'on nomme la charité chrétienne.

Que les travailleurs veuillent bien y réfléchir !
Leur situation a changé depuis un siècle. Ils
ont l'égalité civile, puisque nos codes donnent
à tous les citoyens les mêmes droits, les mêmes
tribunaux, les mêmes juges. Ils ont l'égalité
politique, puisque la Constitution qui nous régit
établit le suffrage universel. Mais il est une égalité menteuse, chimérique, impossible, dont la
Révolution agite sans cesse le fantôme devant
eux, c'est celle des salaires et des fortunes. On
leur inspire la haine de ceux qui possèdent, en
leur disant que le capital, la terre, les instru-
ments de travail, doivent être la propriété de
tous, de la collectivité, suivant le mot nouveau
destiné à masquer le communisme. On ne leur
dit pas que, par la force des choses, par l'effet
d'une logique inexorable, la prétendue égalité
d'aujourd'hui serait l'inégalité demain, et que

cet attentat contre le droit et la justice dépouille-
rait les uns, sans enrichir les autres. On ne leur
dit pas que l'inégalité est une conséquence nécessaire de la liberté humaine, que le régime
rêvé pour eux serait celui des esclaves, et que
si, par impossible, ils avaient à prendre un parti,
ils seraient obligés d'opter entre l'égalité dans
la plus honteuse servitude, et l'inégalité qui est
le sort des hommes libres.

La religion chrétienne ne parle pas à l'ouvrier
le même langage que la Révolution. D'une
main, de cette main qui a brisé le joug de l'esclavage, elle le soutient sur la terre, et de l'autre elle lui montre le ciel, objet de ses immortelles destinées. Elle lui enseigne que la vie n'est
que le passage d'un lieu d'exil à un monde
meilleur. Sa doctrine, qui eût transporté d'enthousiasme les Platon et les Socrate, est un
baume merveilleux pour toutes les blessures,
surtout pour celles du cœur souvent plus pro-
fondes et plus douloureuses que les autres ; car
elle nous dit que, plus l'épreuve est grande ici-
bas, plus grande aussi sera l'éternelle récompense. Comparez l'homme sans croyances avec

celui qui a gardé la foi de son berceau, et voyez
quel abîme les sépare. L'un se débat sous la
mortelle étreinte de l'athéisme, et ne connaît
que la haine et le désespoir ; l'autre appelle la
religion à son secours, et il trouve dans ses bras
maternels la paix, la consolation et l'espérance.

Le Catholicisme fait plus ; il suscite, pour
l'encouragement et l'appui des malheureux, ces
Ordres religieux, qu'on proscrit aujourd'hui pour
les regretter et les rappeler demain ; et il par-
vient, par un miracle qui devrait ouvrir les yeux
fermés encore à la lumière, à leur faire aimer,
que dis-je, à leur faire bénir ce que nous redou-
tons le plus, la pauvreté et la souffrance. C'est
lui qui crée, et anime de son souffle divin, tant
d'œuvres admirables de charité. Il a pour l'en-
fance comme pour la vieillesse, pour l'orphelin
comme pour le détenu, pour la maladie comme
pour la misère, des regards pleins de tendresse.
On veut maintenant le bannir de ces pieux asiles
où la sagesse de nos pères l'avait appelé ; à la
charité chrétienne qui se donne et s'ignore, on
essaye de substituer le dévouement laïque qui
se paye et s'étale ; on saura bientôt ce que cette
folle tentative aura coûté.

Si la foi explique seule l'immolation volontaire de nos Religieux et de nos Sœurs de charité, elle seule aussi nous dit pourquoi nous voyons, dans le monde, des âmes généreuses sans cesse penchées sur le dénûment et le malheur. Je m'adresse à ceux qui portent le poids d'un dur labeur, et à ceux qui portent le poids plus lourd encore de l'indigence. Qui pensa plus à vous que celui dont je viens de retracer l'histoire? Quels services ne vous a-t-il pas rendus, depuis la conférence de Saint-Vincent de Paul, le patronage et la société de secours mutuels de Saint-Jacques, jusqu'aux œuvres qui feront vivre son nom dans les compagnies de Saint-Gobain et d'Orléans? Enfin, qui a mieux mérité ce noble titre de bienfaiteur des ouvriers, que vous avez de votre main écrit sur son cercueil? Or, c'est la religion qui a inspiré à Cochin tout ce qu'il a fait pour vous. Il l'a dit, et ses actes parlent encore plus haut que ses paroles. Jugez donc, et concluez vous-mêmes.

La vie de Cochin nous offre un second enseignement, et celui-là regarde les classes dirigeantes de la société.

Si de nos jours, comme nous venons de le voir, l'ouvrier s'irrite contre la situation qui lui est faite, s'il ne lui est pas toujours facile d'échapper à l'envie et à la haine que la Révolution souffle dans son âme, la bourgeoisie de son côté n'est pas plus satisfaite de son sort, et, malgré les progrès du bien-être et le développement de la richesse, elle trouve le présent sombre et l'avenir menaçant. Elle sent qu'elle marche sur un sol mal affermi, et sous les brillantes apparences de la prospérité matérielle, elle distingue sans peine les signes avant-coureurs de prochains inévitables déchirements.

Ces appréhensions sont naturelles. Nous assistons en effet à un étrange spectacle. La souveraineté du peuple a été proclamée ; elle n'est pas seulement un principe, elle est un fait. Par le suffrage universel, le peuple crée le pouvoir et lui dicte ses volontés. Il prend le chef de l'Etat dans ses rangs, l'élève et l'abaisse à son gré ; il lui désigne ses ministres, et, sur un signe, l'oblige à s'en séparer. Il fait plus ; il fait sa Constitution et ses lois, et souvent, ce qui était l'œuvre des siècles, un trait de plume lui suffit pour l'effacer. Tout cela lui est permis ; car il est le nombre, il est la force, il est le souverain.

Et cependant, par la plus étonnante contradiction, disons mieux, par la plus cruelle ironie, ce souverain, qui peut tout, ne peut rien contre la pauvreté et la souffrance, inévitable partage du plus grand nombre ici-bas. Sa force, si redoutable qu'elle soit, vient se briser contre la force des choses plus puissante que la sienne. Il ne dépend pas de lui d'enlever aux uns le superflu, pour donner aux autres le nécessaire. Il y a des règles économiques, des lois de la production et de la répartition de la richesse, devant lesquelles il faut qu'il s'incline, car elles défient toute contrainte. Et ainsi se vérifie la parole de l'Evangile : *Il y aura toujours des pauvres parmi vous.*

Par là s'expliquent les luttes toujours renaissantes dont nous sommes témoins. Que le Christianisme seul puisse en prévenir le retour, c'est ce qu'on ne songe plus guère à contester dans les rangs supérieurs de la société. On veut bien admettre que la religion chrétienne exerce une influence salutaire sur les masses. Mais il en est

qui croient encore que, si la religion est bonne
pour le peuple, il est loisible aux classes élevées
de s'en passer. Aussi longtemps que persistera
ce préjugé fatal, ne comptons pas sur une paix
durable; car ce serait en vérité trop commode,
si, pour l'obtenir, il n'en coûtait aucun effort, et
si, pour s'assurer la possession tranquille de la
richesse, il suffisait de prêcher à ceux qui ne
l'ont pas la résignation et la patience. Bientôt
le peuple ne serait plus dupe d'une telle comédie,
et il pourrait prouver qu'on ne se joue pas impu-
nément de lui.

Ce danger de l'irréligion dans les sphères élevées de la société, Cochin n'a cessé de le signa-
ler et de le combattre. Après avoir sondé, en
praticien consommé, la plaie si profonde du paupérisme, il a indiqué, dans les termes suivants, le
remède qu'il convient de lui appliquer : « La
vraie manière d'améliorer le sort des classes in-
férieures, c'est de réformer l'esprit des classes su-
périeures (1). » On ne peut mieux dire. Ceux qui
sont en haut de l'échelle sociale doivent donc

(1) *De la condition des ouvriers Français.*

donner le bon exemple à ceux qui sont en bas ;
le salut est à ce prix. Sans doute, l'impulsion
première et décisive doit partir du gouvernement.
Dans un pays centralisé comme le nôtre, il est
difficile que cette œuvre de régénération s'ac-
complisse sans son concours. Et voilà pourquoi
la question de gouvernement agite si vivement
les esprits et soulève tant de débats ; on comprend qu'elle prime toutes les autres. Qui ne
voit, par exemple, que s'il y a un pouvoir assez
insensé pour permettre à la presse, au roman, à
la gravure et au théâtre d'outrager toutes les
croyances, de traîner la vertu dans la boue et de
réhabiliter tous les vices, le retour au bien est
impossible ?

Mais, si funeste que soit le régime politique
qu'on puisse être condamné à subir, le devoir
n'en reste pas moins nettement tracé pour celui
qui est appelé par la Providence à exercer quelque influence autour de lui. A l'exemple de
Cochin, il doit montrer à ceux qui l'entourent
que l'Evangile n'est pas pour lui un vain recueil
de formules, mais le code précis de tous les devoirs et la source du véritable dévouement. Le

dévouement ! Ce mot, dans lequel la vie de Cochin se résume, sera le dernier de cet écrit. Oui, soyons-en bien convaincus, ce n'est pas par de vagues et stériles aspirations, ce n'est pas même par l'observation de la loi de justice et le respect des droits de tous, c'est surtout par l'abnégation, le désintéressement, la générosité poussée, au besoin, jusqu'au don de soi-même, qu'on obtiendra l'accord et la réconciliation des classes ; car l'homme est ainsi fait qu'il est souvent rebelle à la lumière, mais qu'il ne résiste pas à celui qui a su toucher son cœur.

Le jour où l'on comprendra que les classes doivent se rapprocher sans se confondre, où les patrons, qui comptent déjà d'admirables modèles parmi eux, ne considéreront plus leurs ouvriers comme un outil de leur industrie et un instrument de leur fortune, mais comme une seconde famille que Dieu leur a donnée, pour la moraliser et l'élever jusqu'à lui, le jour où le pauvre, en voyant passer le riche, ne détournera plus ses regards comme s'il avait devant lui la froide et désolante image de l'égoïsme, mais saluera la réalité vivante du dévouement et de la charité chrétienne, ce jour-là la paix régnera dans le pays, car elle sera faite dans les âmes ; et la patrie ne connaîtra plus les luttes sanglantes qui l'ont trop souvent épouvantée. C'est le but que Cochin s'est proposé d'atteindre ; c'est là le noble et mémorable exemple qui résulte de sa vie, et que, dans la mesure de nos forces, comme dit le grand historien de Rome, nous devons chercher à imiter.

TABLE

—

9

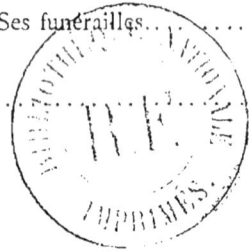

Imprimerie Générale de Lyon, rue Condé, 30. — J.-E Albert.

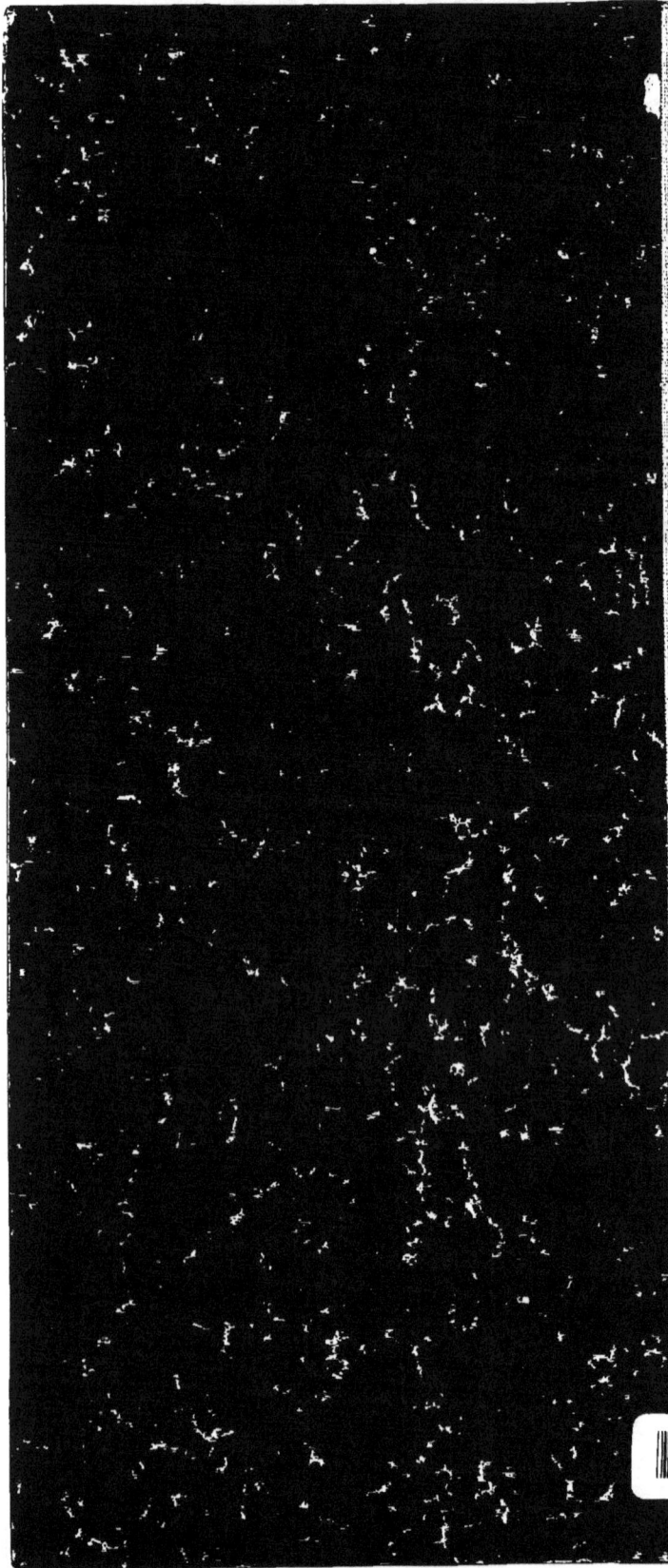

BIBLIOTHÈQUE NATIONALE DE FRANCE

3 7502 01006150 7

www.ingramcontent.com/pod-product-compliance
Lightning Source LLC
Chambersburg PA
CBHW072059090426
42739CB00012B/2819